天下文化
BELIEVE IN READING

凝視焦慮

化焦慮為力量的 9 大覺察法則

David H. Rosmarin, PhD
大衛・羅斯馬林——著
謝凱蒂——譯

THRIVING
WITH ANXIETY

9 Tools to Make Your Anxiety Work for You

謹以本書，獻給哈佛醫學院焦慮中心與麥克林醫院的好同事
是他們教導眾人如何在焦慮之下，依然持續自我成長

目次

前言

誰適合讀這本書?

基於筆者二十年的臨床經驗，幾乎所有人都可歸入四個廣義的「情緒行為健康」類別：心盛型（flourishing）、心衰型（languishing）、心苦型（distressed），以及嚴重心苦型（severely distressed）。更精確的說，任何人在某個時刻的狀態都屬於這四大類型之一，也可能在不同人生階段從一個類型轉換到另一個。

第一類心盛型的人，並不見得時時處於正向成長的狀態，人在生命進程的任何時間點都可能有所成長，而所謂心盛，指的是在生活的各個面向都處於良好狀態。*這類人的自我感覺常是正面的，也沒有因為重大生活困境或生理病痛而無法支撐。但即便是心盛者，

* 之後本書將經常提及，即便是心苦或嚴重心苦型的人，亦可處於自我成長的現在進行式，相對而言，「心盛」一詞是泛指「整體狀態良好」。

大多仍需要支持的力量，才能持續維繫心盛狀態。支持力量的來源很多，可能是朋友、家人、師長、靈性導師或宗教領袖，也可能是勵志書籍（例如本書）。

第二種類型雖非臨床定義的苦惱，亦非心盛。我認為最貼切的形容用語是華頓商學院心理學家亞當．葛蘭特（Adam Grant）在疫情期間刊登於《紐約時報》文章所使用的「心衰」一詞。[1]根據他的描述，這類型的人總是感覺「無所謂、了無生趣、漫無目標」，因此在各種生活壓力之下更難保持開朗的個性。上述心盛者需要的支持力量，心衰者也都需要，而且需要得更多，可能還需要互助團體、心理健康檢查，甚至偶爾要尋求專業心理諮商，以檢視情緒行為，取得進一步的應對策略。

第三、四種類型的人，在臨床定義上已經需要定期接受心理衛生專業人員的協助。第三類心苦型的人，已經有一種以上的心理失調症狀，例如焦慮、憂鬱，或是有喝酒或嗑藥習慣。不過，在這些症狀的影響下，只要有基本程度的專業協助（例如每週一次治療、服用一到兩種一般型精神疾病藥物），大致上仍能規律度日並照顧自己。他們算不上快樂，但該振作的時候還是能起床、上班、洗澡、刷牙，以合理的規律程度從事日常活動，且不至於出現重大自戕行為（自殺或自我傷害）。

第四類嚴重心苦型的人，需要高強度專業協助才能維持行為能力與自身安全。他們通常需要每週多次的密集治療，在積極協助下服用進階型精神藥物，也可能需要居家照顧或入住精神醫療院所。當然，這些醫療處置的目的都是幫助他們進行修復，並回到健康狀態，讓他們可以轉換到心苦、心衰，甚至心盛類型，所幸這類成功案例並不少見。

如前所述，**所有四種類型的人都需要指引、支持、協助，方能維繫情緒健康**。即便是心盛者也需要支持，才能繼續維持在這個令人稱羨的類型。此外，多數人在一生當中也確實都浮沉於各個類型之間。我曾見證許多嚴重心苦的患者，從需要入住精神醫療院所的狀態，最終轉換到心盛類型。相反的，我也看過長達數十年維持心盛狀態的人，卻因災禍突襲而落入心苦，甚至是嚴重心苦的類別。希臘哲學家赫拉克利特曾說：你無法兩度涉足同一條河，即便是同一條河，你亦非往昔的你。換句話說，世間唯一的常數正是「無常」。

本書內容適用於所有四種類型的人。心盛者也常有焦慮，若能學習如何駕馭焦慮，會更易於自我覺察、拓展情感連結，並發揮更多潛能。心衰者自然也能受益於本書，你若總覺得提不起勁、缺乏動力，並因此自責而更加無法振作，本書將告訴你：焦慮不僅正常，還是自我成長的內在力量。

對於心苦與嚴重心苦者，本書提供許多實用、有效的策略，讀者可以從不同的角度認識焦慮。唯一必須提醒讀者的是，本書不可能納含所有解方，心苦或嚴重心苦者必須同時尋求心理或藥物治療等專業協助，畢竟沒有任何一本書可以完全取代針對個人的專業心理治療。

總之，本書提供讀者化焦慮為成長力量的法則，任何人都能從中獲益，但某些人也將需要其他支持力量的輔助。

序章

如何在新世代的焦慮中自我成長？*

約莫十年前，筆者結束超過十年的大學課程與研究工作，開始在哈佛醫學院任教，是我夢想中的工作，與此同時也意外得到一個機會，可以在紐約市開辦焦慮醫療中心，只是我必須在波士頓與曼哈頓之間通勤，那可是從家門口到辦公室門口往返需要八小時的距離。儘管如此，這仍是不可錯失的好機會，我便不多加思索，在曼哈頓中城租了辦公室，規劃好往返行程，打算每週在紐約工作一至二天，其他時間則在波士頓進行教學與研究工作。

意料之外的問題很快就出現。我雖在波士頓已小有名聲，在紐約卻無人知曉，即便我隸屬於聲譽卓著的學術機構，也已完成長時間歷練，卻彷彿無足輕重。我幾乎沒有轉診病

* 書中許多案例故事來自於筆者臨床治療的患者，為確保患者隱私，姓名與個人特徵等資訊均已改寫，且多數案例都是大量實例的整合與簡化，以利呈現通用的概念與方法。

患，最初還只有一位門診病患。這位患者支付的是減收等級的費用，甚至不夠支應我每週的交通費，遑論辦公室費用。帳單和壓力開始堆疊，我的某些壞習慣也隨之回歸，經常吃餐廳外帶的油膩食物，運動時間愈來愈少，也因為往返旅途勞頓而睡眠不足。我每週三清晨六點從波士頓家門出發，週四午夜過後返家。幾個月後，我開始感到難以負荷。

這些狀況遠遠突破了我的舒適圈。我與師長和內人提及此事，他們都認為尚值創業之初，應該先堅持下去，但我不僅覺得負擔沉重，還有高風險隱藏其中。我簽了一年期的辦公室租約、購置了家具、架設網站吸引客戶，卻只是乏人問津。一天早上，我從波士頓抵達紐約，正走出賓州車站，準備為我那唯一的病患看診，卻意外接到他取消看診的電郵。當時我感到一陣焦慮襲來，旋即因為自己的焦慮而開始批判自己：我對病患所說的，實際上自己卻做不到。接著我就把事情想像成災難：唉！我應該是幫助別人克服焦慮的呀！竟然自己在焦慮！這樣我還能成功嗎？我必然是朝向失敗前進吧！

此刻我意識到必須身體力行，便開始自我對話，甚至差一點當街自言自語：大衛，你當然會焦慮呀！是你決定接受嚴峻挑戰，而現況也確實令人沮喪。事實上，在克服挑戰的過程中，你若不曾感到焦慮，或許這根本不是值得接受的挑戰！你正在追求遠大夢想，途中必然遭遇荊棘。你要保持謙遜的心，正面接受挑戰！不順利也沒關係，起步之際的挫敗，不代表未來路途就不能順遂。放掉你想要掌控一切的慾望，別讓焦慮阻撓你前進。你有明確目標，你有夢想！這是你想做的事，不需要因為焦慮就停下腳步。你有能力超越它。你的焦慮很正常。你的內心深處其實很明白，這些限制因素並未真正阻止你，只是你「以為」它們會阻止你，所以實在不必因為一時的挫折就放棄。

抵達辦公室的時候，我感到數週以來不曾有的平靜。既然患者取消門診，我便把時間用來檢討方才發生的事。我沒有忽略或壓抑我的焦慮感，而是利用它來進行自我成長。原本是幾近於恐慌的情緒發作，最後轉變為一個與內心對話的機會。我內心的自白原本是自我批判，情緒也因而往災難方向發展，最後我卻接受自己並得到鼓舞。

之後數週，每當焦慮感湧出，我持續利用它進行自我成長。當時業務仍然沒有成長，草創時期的艱難依舊，但我已決心改變現況，首先是找到提供健康餐點與輕鬆氣氛的餐廳，接下來是帶上體育服，每週四早上在紐約做運動。更重要的是，我不再把工作壓力擔在自己一人肩上，開始與旁人分享心事。我與內人、師長、朋友懇談心中的焦慮和感受。起初還覺得害羞，一個治療焦慮的專家竟然承認自己被焦慮所苦。但是，對他人敞開心房之後，我也感覺彼此產生更深的情感連結。我向焦慮臣服，並體認到一個事實：我雖決定用盡全力，但任何成功背後都可能有不可控的因素，我必將在未來一段時間內繼續感到焦慮。努力爭取不朽功業的人終究無法免於焦慮，這一點認知將能幫助我面對自己的限制，認清它、接受它，最終超越它。

筆者那日的經驗正道出了面對心理健康問題的哲理：**人可以透過焦慮達致自我成長**。我批判自己說一套、做一套，但這份自責就如一記警鐘，提醒我自問：一個人難道要完全擺脫焦慮，才可以活得快樂又充實嗎？並非如此。焦慮可以教我們認識自己、深化與他人的情感關係，讓我們生出力量來超越內心的障礙，並實現生命中最遠大的夢想與目標。焦慮可以是上天賜福，只要我們能學習如何因應並藉之自我成長。

我認為目前治療焦慮的方法都有不足之處，因為這些方法均是以治病為原則。人們總是想要完全消除、或至少要削減焦慮的存在。當然，沒有人希望過著焦慮的生活，不過，與焦慮共存的最好方式就是學著疼惜自己、與旁人有更多情感連結，並且有能力容忍生活中的逆境、磨難，以及不確定性。

經過十年，我在紐約的執業狀況成長為每年服務一千多名特殊病患，同事增加到七十多人，紐約共有四個診所，波士頓兩個。從病患與治療師身上蒐集到的資料也證實了我多年前的親身體驗：我們可以在焦慮存在的同時，依然過著活躍與充實的生活。我們確實可以駕馭焦慮，借力使力讓生命蓬勃發展。

焦慮新世紀

美國國家心理健康研究所（National Institute of Mental Health）的數據指出，二〇二〇年新冠疫情發生之前，大約三分之一的美國成人曾在人生某時期患有焦慮症（即時平均每五人有一人），青少年族群又更為嚴重，大約三分之一的青少年每年都會罹患一次焦慮症。[1]如此的盛行率令人憂心，而更令人擔憂的是焦慮症的嚴重度也逐漸提高。即便是疫情之前，許多人已受苦於臨床定義的焦慮，並導致足以影響職業功能的障礙。[2]許多患者的焦慮可能伴隨醫學界所稱的非自殺性自傷，包含割傷、燒燙傷等自我傷害的行為。[3]美國全年齡層自殺率從一九九九年到二〇一八年增加了三五・二%，至今更大幅提高。[4]世界衛生組織的報告指出，全球焦慮症自二〇〇〇年以來已增加二五%。[5]

二十世紀的前五十年被稱為「焦慮時代」，部分原因是兩次世界大戰、種族滅絕事件，以及核武殺戮平民等慘劇。[6]然而，從客觀角度而言，進入二十一世紀至今（即便是疫情暴發之前），人類焦慮程度便已是史上最高。[7]事實上，現在被定義為正常、健康的美國兒童，其焦慮程度可能高於一九五〇年代中期的住院精神病患！[8]

讓我們先問一個問題：相較於一九〇〇年代中期，如今的安定、安全、經濟穩定程度均已大幅改善，為何人民反而更焦慮？美國多數地區確實存在著嚴重的社會與經濟不平等，但比起一百年前，人民仍普遍享受著更先進的科技、資訊、教育，也都能獲得基本醫療服務。那麼，既然壓力因素少於過往，為何焦慮仍如此暴漲？

原因之一就是我撰寫此書的緣由：**人們錯以為焦慮本身令人恐懼，因此必除之而後快**。其實我們應如此看待焦慮：**它不需要被征服，它可以被轉化為提升生命的力量**。從最基本的程度來說，焦慮就像是煙霧警報器。你炒菜之後沒關爐火，警報響起，這不是壞事，而是好事！警報聲通知你去處理問題，只要你及早聽見警報，並做出適當反應（就此例而言是關火），就可以完全安好。但是，如果你暴跳如雷，開始咒罵自己觸動警報，甚至採取過度反應，那麼一個可以好轉的局面就反而會惡化。尤有甚者，如果嫌警報太吵太煩而關掉它，最後可能導致整個房子被燒毀！

對焦慮的恐懼

艾美莉亞描述她首次焦慮發作的經驗，形容那好似風力不斷增強的颶風。焦慮風暴肆虐之後，就是洪水般的罪惡與羞愧。她告訴我：「我鄙視自己竟然會焦慮，工作已經讓我很緊張了，現在還要擔心自己是否生病了，是否能力不足，不能好好面對事情。我開始擔心別人會認為我沒有自信，甚至以為我精神不正常！」

我們以為焦慮不該存在、必須設法剷除，單單是這個想法，就足以讓焦慮更嚴重。某些人的焦慮更像是雪崩，而非颶風，他們察覺到自己正在焦慮，便誘發了心理與情緒的崩壞，如層層碎石般落下，直到有窒息之憂。

艾美莉亞因焦慮而焦慮，使得原初的焦慮倍數暴增。艾美莉亞在公關公司的工作十分穩定，但她從大學時代開始就有社交焦慮，曾借助酒精來安撫，因而飲酒過度，後來努力減量，狀況有所好轉，過程中卻從未面對焦慮。她說：「現在我只要進入社交場合就不停喝酒，以致於大家都發現我正在焦慮，因此我又更焦慮。」她因此退縮，開始迴避社交活動。艾美莉亞認為焦慮代表她的社交能力不好、不風趣，而且別人都能看出她有問題。如此導致典型的循環：她更加迴避社交場合，因此又更加焦慮。這一切只因為她沒有機會去發現她其實低估了自己的社交技巧，長久下來更不能從容社交，使得社交恐懼又更嚴重。有趣的是，艾美莉亞的社交能力相當好，她的幽默感破表，身為行銷專業人員，對於如何與人互動，她有很高的敏感度。艾美莉亞的焦慮並非來自現實因素！主因就是她認為焦慮的存在是個問題。

吉姆也受困於類似的循環。他是緊急救護技術員，四十多歲，體格強健，但很容易陷入恐慌，每次發作就心跳紊亂、喉嚨緊縮，雖無危險性，但只要他感覺到症狀就開始想著：糟了，我心臟病發作了！糟了，我一定會焦慮到不行，我一定沒辦法承受！這樣的恐慌引發腎上腺素大量分泌，進入血液循環，使得症狀更不可控，不僅心跳更快、喉嚨更緊，肌肉也收縮到產生疼痛。為了因應這些生理變化，他需要更多氧氣，於是呼吸又加速，同時也因為他產生「戰或逃反應」，腎上腺素又分泌得更多。問題是，他沒有實際需要戰或逃的理由，現實世界沒有危險，他的反應是來自於對焦慮的負面解讀。吉姆的問題在於他對焦慮的看法，他把恐慌感視為問題，認為必須設法消滅它，才不會導致負面後果。事實上，他對恐懼的恐懼恰恰導致了焦慮持續存在並加劇。

某些人的焦慮就如毒性蔓延，最後併發多種症狀。甄妮絲的正職是祕書，但渴望成為演員。她有嚴重的飛行恐懼，但她的恐懼不僅止於墜機。她在療程中告訴我，她最擔心在機上焦慮發作，以致於頭腦爆炸。更確切的說，她擔心無法控制恐懼，可能在走道上尖叫奔逃。甄妮絲覺得高度焦慮可能讓她失控，但這並非事實。在現實中，焦慮常使行動與表現更鎮定，戰或逃反應也令人集中精神面對威脅，採取更專注且靈活的反應動作。此外，因為焦慮占用了內在資源，使人沒有多餘精力可以用來尖叫、奔逃。甄妮絲承認她不曾在焦慮的同時失去自制力，甚至常在焦慮感上升時，更能安靜坐好。她也承認從未好好面對飛行焦慮，她根本不確定在機上焦慮發作是否會導致頭腦爆炸，就直接拒飛。她從紐約去佛州參加親戚婚禮，原是三小時飛機航程，卻耗費近兩天坐火車才抵達。

後來甄妮絲終於決定尋求專業協助，是因為焦慮症擴散，除了飛機，任何可能讓她感覺焦慮或被困的狀況，她都一概躲避，包含地鐵與公車，還有橋梁與隧道，但生活在紐約很難避免，所以她的世界愈縮愈小。甄妮絲害怕的東西沒有實際的危險，因為她害怕的是焦慮本身。沒有任何現實證據指出她的感覺會帶來傷害，她只是在內心認為可能會受傷，她是因為焦慮而焦慮。

我治療患者二十年的經驗指出，焦慮症患者經常自我批判，並把焦慮「災難化」。他們任由心緒狂奔，把某個行動或事件想像成最糟的狀況。其他心理問題也有同樣現象，憂鬱症患者常逃避任何可能產生壓力的狀況，只因害怕自己變得更憂鬱。他們在內心責怪自己陷入沮喪，自然只是讓情況更糟。輕、中度慢性疼痛的病患也常認為病症將繼續惡化，導致身體障礙，甚至終身癱瘓。他們常對身體疼痛感到憤怒，然後又把內心煎熬歸咎於自己的不夠堅強。這些案例都是因為災難化與自我批判，而導致更多不必要的苦惱與障礙。

如果本書只給讀者一個概念，我希望是：**焦慮本身不是問題，焦慮不代表你有任何錯處**。焦慮的感覺很正常，甚至很正面（請繼續閱讀本書便能知曉），所以你無需害怕焦慮。一旦理解這一點，就再也無需將焦慮災難化。

對不確定性的恐懼

你或許正想著：為什麼現代人似乎都害怕焦慮？畢竟焦慮本身並無危險，只是讓人不舒服，何以如此令人害怕？我認為這種矛盾最可能的緣由就是現代社會過度在乎「掌控」。現代人對任何事情都有預判，包含金融市場、政治選舉、流感疫情、專業體育賽事、天氣，即便預測結果可能很離譜、誤差很大，但我們依然認真研判，好比古羅馬占卜師研究牲體內臟一樣。

背後的理由很簡單：社會文化無法容忍不確定性。我們寧可得出錯誤的預測結果，也不願承認自己對未來懵懂無知！所以美國有許多「直升機父母」，他們就像直升機一樣盤旋在孩子之上，監視孩子所有的生活，督察一切的失敗或成功，直到孩子上小學、進入青春期，甚至成年之後也不罷休。[9]更進一步的，則是新一代「除草機父母」，他們除了監督還不滿足，還必須出手介入，預防孩子經受任何失敗。[10]否則何以有富裕的父母願意付出數萬美元找人「喬」事，讓孩子進入常春藤大學？我們不夠相信自己，只要生命出現不確定性就莫名恐懼，害怕事情走向失敗。

我們同時念茲在茲的是安全與安定。美國社會正處於史上最富裕的時期，令人錯以為一切都很安定。在珍貴的民主制度下，包含財政、教育、衛生等，都有制衡機制，以確保社會穩定與人民福祉，然而，人類遠比我們願意承認的脆弱。因此，當虛幻的安全感被戳破，露出了威脅，我們便墜入恐慌。

諷刺的是，第三世界或戰亂國家反而相對較好，人民從不期望國家制度提供安全或安定，當現實折磨人，也只是了然接受，視之為生命的一部分。這或許解釋了美國人罹患焦慮症的比例何以全球最高，相對富裕的國家也都比第三世界國家高出許多。[11][12]事實上，低收入國家（例如哥倫比亞、秘魯）人民罹患焦慮症的比例大約是中等收入國家（例如巴西、墨西哥）的一半，中等收入國家人民罹患焦慮症的比例又是高收入國家（例如美國、法國）的一半。[13]

西方世界常以醫療方式處理正常情緒。二十年前、甚至只在十年前是標準值以下的壓力，現在卻可以開立治療焦慮的藥物「贊安諾」。我們認為情緒必須平靜無紋，一切都應該順順當當，不能容忍情緒跟自己過不去，不能忍受焦慮與不安定的情緒帶來不適與威脅感。我們要求生活永遠處在自動駕駛模式，永遠舒適、快樂、成功，當這份舒適被破壞，便無法接受眼前的狀態，又因為無法接受，使得情緒更為強化，甚至引發惡性循環，深陷於嚴重焦慮而無力脫困。

在此需澄清一點，追求情緒穩定平靜並非錯事，追求快樂與舒適也不是問題。問題是，我們若一味追求絕對的確定性與安全感、不維持在這種狀態就不開心，反而會使得情緒狀態更脆弱。過高的期望一旦落空，反而產生更嚴重的焦慮，也更難、甚至完全無法發揮自己的潛能。

當代社會對焦慮的態度（亦是對生命的態度）使得焦慮症的普及度與嚴重度高於過往任何時期。我在紐約的診所名為「焦慮中心」，許多朋友聞之感到困惑，問我為何不命名為「焦慮治療中心」，或是「焦慮紓解中心」。我解釋道，我診療焦慮的目的不在於降低焦慮，而是協助患者與焦慮共存，把焦慮視為夥伴。所以命名為「焦慮中心」很恰當，因為診所的宗旨就是學習如何利用焦慮來成長，而非試圖消弭之！

只要你不再看到焦慮就奔逃，焦慮可以非常有建設性。焦慮可以強化自我覺知，讓你了解你的強項與尚可成長之處。焦慮可以提醒你把同理心用於自身，亦即「自我疼惜」（Self-Compassion），這是當今社會極度缺乏的觀念。此外，焦慮也能強化人際關係，若能適切駕馭焦慮，便能加深你與他人的情感連結。你可以嘗試在旁人面前露出脆弱的一面，分享你的內心世界，讓人有機會照顧你。最後，焦慮還能幫助你發現自己潛藏的能力。我們要接受身為人類在知識範圍與掌控能力的局限，同時也透過焦慮去發掘自身特殊的強項，並且努力突破限制。

焦慮也可能代表「聰明」。有愈來愈多研究指出，焦慮症患者的智商比「健康」的人更高。[14]焦慮症相關的神經傳導物質ＧＡＢＡ也同樣與記憶力相關，所以焦慮的人通常較能專心並記憶細節。[15] [16]筆者的臨床經驗證實，焦慮程度較高的人有較高的自我覺知，也較能感知他人需求，通常也更認真勤懇，並且具備做大事的驅動力。

歷史上某些成功人士就患有焦慮症，例如一代傑出文學大師馬克吐溫（Mark Twain）就曾受精神疾病所苦，他的焦慮症狀到了晚年尤其嚴重。[17]同樣現象也出現在當代娛樂圈，知名脫口秀主持人卡維特（Dick Cavett）曾接受電療，對抗數十年之久的焦慮與憂鬱症。[18]演員金凱瑞（Jim Carrey）曾承認患有焦慮與憂鬱症，多年服用百憂解，後因無效而停藥。[19]他最終決定停止飲酒或用藥，並接受自己的狀態。他說：「我只在電影裡演戲。」著名喜劇演員曼德爾也曾公開談到他的焦慮症，包含過度在意細菌的強迫症行為。[20]

許多活躍的明星也公開承認患有嚴重焦慮症、恐慌症、臨床憂鬱症，包含戈梅茲（Selena Gomez）[21]、愛黛兒（Adele）[22]、女神卡卡（Lady Gaga）[23]，以及有工人皇帝之稱的史普林斯丁（Bruce Springsteen）[24]，他透露曾經兩度情緒崩潰，其中一次其實已達到入院的嚴重度。這些表演工作者在舞台上散發四射活力，竟也會焦慮與憂鬱，著實令人意外。

我深受其影響的知名心理學教授大衛．巴爾羅（David H. Barlow）非常了解焦慮是一件好事的矛盾道理。他最具影響力的著作之一曾提到：

不焦慮，成就便不高。不焦慮的運動員、表演工作者、高階主管、職人、學子的表現都將倒退，創造力沒有得到發揮，作物也可能無法栽種，人類全都進入了快節奏社會所渴望的恬靜狀態，成日坐在樹蔭下虛度光陰。上述光景的致命威脅絕不亞於核武大戰。25

如何運用焦慮進行自我成長

十年前的那天，我前往曼哈頓辦公室途中所得到的領悟，多年後對我更產生莫大助益，當時我正治療一位二十六歲的患者艾希莉，她數年前從紐約大學畢業，找到一份高薪的行銷工作，居住在曼哈頓，正與二十七歲的金融家凱文交往，對他的依戀很深。她的生活從表面上看來十分順遂，但我看著坐在診所的她，卻能看出在成功的背後，她正因為焦慮而感到緊張與不知所措。

艾希莉說她時而呼吸急促、心悸、肌肉緊繃，即便在公司的地位穩固，依然不停因工作而擔憂，即便手頭寬裕，也即將獲得豐厚的年度分紅，仍擔心哪天付不起房租。她也擔心凱文，不是怕感情出問題，而是擔心他生病，同時也擔心自己生病、意外受傷，或遭遇恐怖攻擊。

艾希莉不曾面對焦慮，只設法忽略它，然後堅持撐下去，狀況卻只是更加惡化，等到她打電話到診所時，她已經開始在白天限制飲食，不是怕胖，而是想繼續工作，以免過度擔憂。她同時也焦躁的黏著凱文不放，如果凱文沒接電話就不斷狂叩。凱文雖然愛著艾希莉，也開始退縮。此外，每次艾希莉感到呼吸急促或心悸，就拿起手機上網路醫師網站，給自己做錯誤診斷，認為自己得了一堆病。這一切動作都只是在餵養焦慮。

雖然艾希莉是處在高功能狀態（high-functioning），我的許多同業（所幸只是一部分）都會將她的狀況診斷為精神疾病，認為她罹患焦慮症。她若尋求這些人的協助，諮詢之後必定是得到一張精神藥物處方，而不是協助她管理情緒的具體方法。

我與她對談時，只覺得她根本是個健康的人，無論是否有藥物協助，她最終都會有能力管理焦慮。她顯然耗費太多精力設法減輕焦慮，卻反而火上添油。我想著，若是艾希莉把同等的精力用於理解自己、照顧自己，也好好經營與旁人（包含凱文）的感情，她將如花朵般綻放，焦慮也不再是摧殘，而是滋養。艾希莉事事憂心並不代表她病了，她只是必須做出某些改變，只要做到就會沒事，甚至比沒事更好。

我引導艾希莉了解，高漲的焦慮只是在提醒她需要降低壓力值，告訴她：「艾希莉，你得學著放鬆！」她焦慮的時候經常更努力工作，才使得情況更惡化。我鼓勵她挪出更多注意力，關心自己的種種憂慮與感受。她試著這麼做，而後逐漸從情緒困擾中走出來，變得更沉穩、成功，而且快樂。

艾希莉和我也發現，焦慮感偶爾確實指出了該擔憂的問題。她對健康的執念大多缺乏實據，某次卻真有必要就醫。她的膽固醇飆高，但健康焦慮反而阻礙她處理問題，她緊張到無法面對膽固醇過高的事實。我建議她看心臟科醫師，醫師建議她服用膽固醇藥物，並與營養師進行諮詢，最終才幫助她回到較健康的狀態。

艾希莉也和我一起研究怎麼好好照顧自己，我鼓勵她午休時關閉手機等通訊工具，也停止每晚定時看電郵。她開始每天吃營養的早餐，每三、四小時吃些健康零食，也開始每週上兩次跆拳道課。她是驅動力很強的人，把這些都當成優先要務來做，還額外增加某些生活儀式來滋養自己。

這些努力的結果之一是她和凱文的關係大幅改善。她不再黏人，凱文因此有餘裕在艾希莉焦慮的時候給她更多關懷。更重要的是她對凱文敞開心房，訴說自己多麼焦慮，不再做那些缺乏安全感的舉動而把自己的焦慮加諸於凱文，她告訴凱文自己多麼害怕他可能生病。起初她擔心自己露出脆弱的一面，凱文可能會反感，但當她能坦誠訴說感受，凱文深受感動，他感覺被愛、被關心，也因此讓艾希莉感到被愛、被關心。他們變得更親密，感情穩定並相互依賴，艾希莉也更能放寬心。

最後，我建議艾希莉直視心中的恐懼，學著接受她能掌控的事情有限，我從靈性的角度出發，鼓勵她思考人類在浩瀚宇宙中多麼渺小，能發揮的作用畢竟有限。我建議她寫日記，寫下她認為最糟的可能境遇，再反覆唸給自己聽。我請她接受恐懼，也認清某些恐懼並無實據。重點就是讓艾希莉學著安心接受自己的不安，能夠面對心中憂思與潛在逆境。我甚至建議她說出最深的恐懼，用手機錄音，在上班途中反覆聽。若是逃避這些恐懼，用網路醫師的搜尋結果安慰自己，只會徒勞無功。

艾希莉的生活全然改觀，不僅少了許多焦慮，個人狀態也變得更好。她跟自己、他人，以及靈性的關係都大幅改善，每日生活也能感覺到情緒明顯變好。有趣的是，艾希莉所有的改變都沒有任何藥物的協助。

某些人或許會繼續需要專業協助，但任何為焦慮所苦的人都能以艾希莉為借鏡。如前所述，高度焦慮的存在經常代表了高智商、高活力，以及自我成長的能力。試圖封鎖或消滅焦慮都會產生反效果，只會消耗你的內在能量，你不如將這股力量用來學習坦然面對生命的無常，駕馭焦慮，讓它幫助你成長，如此將能更自信的面對生命旅途的任何遭遇。

本書能帶給你什麼

本書分為三部，恰好呈現筆者的理念。你若能與焦慮合作，將能在三個不同卻相關的領域改善生命：與自己的連結、與他人的情感連結，以及與靈性境界的連結。每個階段都有三個步驟，首先，焦慮請你注意的基本問題，你必須能發現並指認；接著，找到方法去接受事實；最後，超越原以為是障礙的限制因素，認識到這些都是正面資產與力量來源。加總起來一共九個相互串連的法則，或者說是工具，教你如何避免落入陷阱，以為焦慮是一種弱點，同時也教你進一步將焦慮化為最強大的力量。我在每一章都會提出一個化焦慮為力量的法則，當你能善用這些法則，將擁有超乎想像的能力去因應逆境。讀者若對其中某個法則想了解更多，歡迎造訪筆者的網站，或是到 dhrosmarin.com 與筆者聯繫，取得更多文字與影音資訊。

焦慮可以讓我們活得更有意義，更有勇氣與信心。焦慮可以教導我們不再自我設限，並因此更了解自己的能力，同時也可以更了解他人的感覺與憂慮，在過程中必須學著去依靠我們信任的人，放開想要控制他人的慾望，且即便他人不完美、不符合我們的期望，也接受他們原本的模樣。最後，我們可以透過焦慮了解到，某些事情根本不在人類掌控範圍內。理解這一點之後，反而更容易向前努力，實現內心深處懷抱的希望與夢想。

讀者應善用書中每一項覺察法則，若暫時不適用，也可以留待往後。在應用過程中，可專注在你認為最有效的章節，也建議做紀錄，把你對每個法則的問題或論述的回應記錄下來，使用紙本記錄或是電子檔案都可以。

請注意本書內容不等同於醫療諮商，畢竟筆者不可能照顧到所有焦慮症患者的所有情況。患者到診所尋求專業治療，可以得到量身訂做的策略。閱讀本書時，若能將其中具體的議題與觀點跟你的治療師討論，或許能有所幫助，若讀者目前沒有接受治療，也可以考慮找一位治療師。

本書最後三章討論的是焦慮可以強化我們的靈性（spirituality）。我在研究所的導師肯尼斯·帕格曼（Kenneth I. Pargament）將靈性定義為「對神聖的追求」。[26] 意思是說，無論是否有宗教隸屬，只要是對任何超越物質世界、對生命靈性層次的追求，其本質都是神聖的。焦慮可以催化靈性的成長，例如，焦慮可以提醒我們認知到人類的限制，並因而懂得感恩與謙遜。此外，當我們承認自己可掌控的範圍有限，那麼在遇到挑戰與困境時，便能學著維持內心平靜。最重要的是，焦慮可以幫助我們維繫對自己的信心與期望，努力不懈追求生命中的目標與夢想。許多人可能認為這具有宗教意義，但即便你沒有特定信仰，依然能夠在管理焦慮的過程中獲得靈性成長。

就此而言，信仰是一股強大的人類力量，但並不只是遵循一套特定教條那樣簡單。信仰亦可是在壓力之下依然堅持理念，意識到自己具備追求偉大境界的能力，對自己有信心，因而覓得自己來到世間的目的與任務。信仰亦可是活出有價值的生命，即便有焦慮感也不受限制，但首先要接受一個事實：我無法主宰一切，有時甚至無法主宰自己的感覺。

以下這則神聖寓言恰恰說明了凡人都無法不焦慮的現實：一位旅者正穿越樹林，突然一隻猛獸現身，眼看即將發動攻擊，旅者試圖逃跑、躲避，猛獸卻一直阻攔他的去路，狀似愈來愈兇猛。無論旅者往哪逃，猛獸總能擋道，咆哮聲也愈來愈響。最後，旅者終於意識到猛獸只是「看起來」危險，實則並無意攻擊或傷害他，反而希望旅者成為牠的主人與朋友。旅者開始觀察牠，與牠互動，甚至給牠食物，牠變得很高興，心滿意足的隨旅者一同穿越樹林，一路上保護旅者的安全，還引導旅者走出樹林。

有一天，猛獸又開始咆哮，旅者起初十分警戒，而後意識到牠想要傳達訊息，便傾身向前，猛獸大聲咆哮，旅者後退，猛獸更是暴怒，旅者左右移動，猛獸都有同樣反應，旅者意識到只剩一個選項，就是向下入地，於是拿出鏟子開始掘地，此時猛獸安靜下來，旅者繼續挖掘，最終發現了深埋地下的黃金寶藏。

焦慮來襲之際，我們的反應經常是不耐。這隻焦慮猛獸為什麼不滾開？我們想轉移注意力，或想從困境中找到出路：我可以喝點酒，或是嗑點藥，讓焦慮消失（或至少暫時消失）嗎？我可以埋頭工作，或是沉迷於社群媒體嗎？這些策略常使焦慮惡化。我們若能駕馭焦慮，就能借力使力，以超乎自己想像的方式變得更強大。

這則寓言清楚的告訴我們：別躲避焦慮，別退縮或否認焦慮的存在，而是該靜下來審視當下的狀況。焦慮試圖告訴我什麼？答案是：無論多麼令人不快，你都應該深掘內心、好好感覺自己的焦慮，才能藉此超越它。起初或許不順利，但你終將看到焦慮為你指引的方向，看到你的內心深處蘊藏著珍貴寶藏，但不是物質上的富有，而是更深的連結，跟自己、他人、靈性的連結。所以，雖然看似矛盾與弔詭，但焦慮確實能讓你更加強大。

第一部

強化與自身的連結

第1章 認識自我

焦慮有助於認識自己的強項與尚可進步之處

單單是「焦慮」二字就令許多人感到厭惡與恐懼。這真是可惜了，因為焦慮可以滋養生命，幫助我們發揮創意去適應多變的世界。本章主題就是：人可以借助焦慮來進行自我成長，其中一個重要途徑，就是**讓焦慮的不適感教導我們認識自己的強項與仍可進步之處**。「壓力」與「焦慮」很類似，但並不相同，兩者都能幫助我們意識到自己的資源就要耗盡，這是有益的警訊，提醒我們在事情惡化之前調整自己並回復平衡。能在壓力之下重整的人，最後都能變得更健康與堅強，並建立生命中更深的連結。此外，焦慮也指出我們的內在蘊含著強大力量，足以面對世間逆境，因此幫助我們出頭與成功。反之，焦慮程度太低，則可能導致我們陷入掙扎與失敗。

是焦慮還是壓力？

珍恩是三個孩子的媽，在一間家族律師事務所擔任全職法務助理。她丈夫也有全職工作，經常需要出差，兩人時常難以應付孩子的照顧。儘管如此，珍恩告訴我，她雖然忙碌，但一切都好，她第一次來諮商的時候說：「孩子們都很健康，我很喜歡陪著他們。我丈夫很好，我也喜歡我的工作，可以幫助低收入戶獲得法律諮商去處理家中的問題，我覺得這是很有意義、很重要的工作。」

接著珍恩深吸一口氣，臉上出現困惑的神情，她說：「但我非常的……焦慮，心中非常恐慌，會覺得呼吸困難和心悸，情緒起伏也很大，有時候很生氣、不耐煩，然後又很害怕自己失控，這些都讓我對所有的事情感到非常焦慮。」她說到這裡停了下來，但我感覺到她還有很多話要說，便只是點點頭。

她繼續說：「除了這些，我還因為焦慮，身體很不舒服，肌肉常常感到緊繃，脖子尤其難受，肩膀和背部也緊緊的。早上起床就開始擔心撐不過這一天，睡前想到隔天該做的事情，也會不舒服一個小時以上。我覺得承受不住，很焦慮，不能理解是為什麼。」

等到她都說完了，我微笑著對她說：「珍恩，我有好消息，也有壞消息跟你說。」

「可以請你先說好消息嗎？」她說。

「好消息是你不焦慮。」我說。

「什麼？」她一臉不可置信。「你說我不焦慮是什麼意思？」

我說：「你方才描述的並非焦慮。但壞消息就是，你形容的狀況是壓力，你的壓力大到讓你緊張兮兮。」

「嗯，焦慮跟壓力有什麼不同？」

「很好的問題！」我開始描述何為真正的焦慮。

後續的章節也會討論，當恐懼反應遠高過實際威脅程度，那是焦慮。

「好，所以什麼是壓力？」她問。

「當生活對我們的要求超過了我們手中可以應用的資源，就會產生壓力。」我回答。

在需求與資源間取得平衡

我們在各領域的資源都是有限的，例如時間、金錢、情緒韌性，以及友誼與社交資源。擁有這些資產，就能因應生活對我們的要求，當生活需求大過於這些資源，便會產生壓力。打個簡單比方：五分鐘後開始的會議，你還要十分鐘才能到達，你就會有壓力（持續至少五分鐘）。同樣的，每月支出若高過於收入與儲蓄，你會長期有壓力，短缺愈多，壓力就愈大。

這種需求與資源不平衡的狀況，通常並不如時間或金錢這樣易顯。例如，情緒需求如果超過我們的情緒韌性，就會產生極大壓力。你若必須處理複雜的家庭問題，例如難搞的父母，或是孩子罹患飲食失調症，你可能因而完全無力再面對其他壓力因子。對某些人來說，就連在工作上與人發生小爭吵，也可能是災難性的壓力因子，可能持續數日陷入情緒困擾。

你若對自己的壓力值沒有概念，不知生活需求到底超過資源多少，你可能只感到心力耗竭，卻不知起因為何。若是如此，壓力可能快速增生，確實也可能造成實際的後果，影響你的心情、感官知覺、生產力、決策力，最終影響到你的快樂與健康。

我向珍恩解釋這一切，她看起來依然有些迷糊。她說：「但我會心悸，這不是恐慌發作的徵兆嗎？」

我同意她的說法，她的症狀確實與恐慌類同，但源頭卻不是焦慮。我告訴珍恩，她的心跳加速、呼吸窘迫都不是肇因於沒有根據的恐懼，這表示她並不焦慮。其實，珍恩是缺乏資源去處理生活中的壓力因子，因而感到無力招架。

我問珍恩：「你的『恐慌』是否依據你的害怕程度而上漲或減緩？例如，即便沒有醫師診斷過你有心臟病，當你出現類似恐慌的感覺時，你是否擔心突然心臟病發而亡？」

「沒錯！」她說：「就是這樣，就像那天，我在上班，兒子的學校來電，說他發燒了，問我可不可以去接他。但當時辦公室人力不足，我正忙著安置被房東趕出來的一家人。我丈夫出差去了，所以我想打電話找信任的朋友幫忙接兒子，卻聯繫不上任何人，打了三通電話都找不到人，然後我就開始有過度換氣的現象！」

珍恩停下來深呼吸，彷彿害怕當下在診所就出現過度換氣的症狀。「我就是在那天打電話給你。」她說：「我感到恐慌，就上網搜尋焦慮相關診所。」

我說：「我很高興你打了電話並且來到這裡，這樣我才能跟你澄清你不是罹患焦慮症。你是壓力過大，導致輕度、類似焦慮的感覺，這不等同於恐慌症或其他形式的焦慮症。其實知道自己有壓力並非壞事，因為壓力相對容易處理。」

我接著跟珍恩解釋，壓力讓人感到無力招架，其過程幾乎如同數學公式。生活要求（例如工作挑戰、孩子在學校生病、情緒緊繃）減去可用資源（例如時間、家人、朋友、情緒穩定性）等於當下的壓力值。

如果不曾意識到壓力的存在，並採取具體因應措施，壓力便可能偷偷增生。當生活中的轉變導致壓力產生，例如結婚、離婚、生子、失去親友、升遷或遭遣散等工作變化、罹患疾病等等，我們應該把精力用於處理自己的感覺，卻經常就是忽略這一點，因為一直想著只會感到無力，便只想把壓力推開，卻因此更無法處理生活的要求，長久下來產生更大的壓力。此外，生命事件常是接二連三，例如因為被資遣而導致經濟出問題，導致夜不安眠，導致脾氣暴躁，導致與人爭吵，情緒資源因而被大幅消耗。

多數有壓力的人都認為自己的症狀是「突如其來」，其實壓力鮮少突如其來，常是逐漸累積的結果。生活對你的要求開始增多，資源便隨著時間逐漸被消耗，直到你應付不來，再也無法否認壓力的存在。所以，在壓力值尚低之際就預防它增生才是最好的辦法，如此方能在資源和需求之間取得平衡，確保後者不超過前者。

壓力的解決之道只有兩個

讓我們再回到珍恩的案例，我當時也跟她解釋，壓力管理有兩個解方，也只有兩個，其一：增加資源，其二，減少當下的需求，最理想的就是兩者同時進行。不過，就如我對珍恩說的，這基本上是好消息，只要能增加資源與減少需求，就一定能降低壓力。珍恩只要能取得平衡，就能確定「恐慌」會消失。

所以我直接告訴珍恩：「我不認為你需要任何治療。如果你增加睡眠時間、安排好照顧孩子的備援力量，或者降低工時，學著在工作上說不，我想你的感覺就會大不相同。」

珍恩有點目瞪口呆，她沒想到解決之道如此簡單明瞭。

「我很高興你出現了不舒服的症狀。」我又說。

「怎麼說？」

「用汽車來做類比，這就像開一輛漏油的車，汽油漏得愈多，引擎就愈可能卡住，必須付出昂貴代價才能修復，要不就可能報銷。但是，你若及早注意到問題，就只要簡單的修好漏油問題就可以了。壓力只有在放任不管的狀況下才是問題，並可能嚴重惡化。長期承受壓力的人若不採取行動來降低壓力值，便較可能衍生憂鬱等心理健康問題，其中也包含焦慮症。這些都會導致身體健康問題、情感問題，以及其他的人生困境，所以我很高興你有不舒服的症狀，因為就是這些不適，才讓你來到我的診所。」

珍恩的臉上首次出現一絲笑意，她說：「你的意思是說，我有焦慮的感覺，或說我以為我焦慮，這是件好事。我不知道原來恐慌感是一種祝福，現在我覺得可以開始做未來的計畫了。當初如果不是開始感覺苦惱和不舒服，就不會來找你，我只會硬吞下去，拚命支撐。」

壓力是一記警鐘

從許多案例看來，壓力猶如一記警鐘，是最早出現的徵候，預先警示你情況有誤。壓力帶來的不適，可能正是救命警鐘。

心臟疾病是美國第一大死因，卻經常沒被發現。[1]持續高血壓可能有致命危險，但也常被忽略。[2]同樣的，許多種癌症都有治療方式，且不至於致命，前提是必須及早發現與治療，以阻止病況惡化與蔓延。[3]同樣的道理，壓力引發了類似焦慮的症狀，正是身體在發出警訊，通知你必須做些改變了。若能注意自己的不適，意識到不適的存在，並加以處理，設法增加資源與降低需求，就可以讓生活轉向，回到軌道上。關鍵是必須關注不適感的肇因，而非加以忽略或壓抑，或像珍恩所說的「硬吞下去」。

相對之下，忽略壓力的人大多都會陷入困境。首先，長期壓力經常引發身體健康問題，包含心臟疾病[4]、高血壓[5]、癌症[6]、自體免疫疾病[7]、代謝症候群[8]、術後併發症[9]，以及全因死亡[10]*。然而，多數人在壓力產生初期，卻都是訴諸於「適應不良行為」（maladaptive solutions）。

程度較輕的是沉迷於網路與社群媒體，例如持續不斷在推特批評他人或政局，自以為關心國家大事，其實真正的目的是讓自己分心、逃避面對煩惱。程度嚴重的則可能暴飲暴食，變得肥胖，甚至染上酒癮或藥癮。

因此，我有時甚至希望患者能更焦慮一些，這些類焦慮症狀可以讓他們及早有動機去

* 譯注：包含所有死因的死亡。

尋求協助，就能免於產生其他身心問題。焦慮帶來的不適感經常引導我們認識自己，發覺自己已經失衡，因而有機會及時導正，避免狀況惡化。

許多人誤以為關注壓力來源只會更糟，事實恰恰相反，你需能生出勇氣去面對壓力肇因，才有可能採取具體步驟去解決問題。如前所述，降低壓力的策略有兩個，也只有兩個：一是增加資源，二是降低需求。讓我們看看有什麼具體步驟可以依循。

增加資源

睡眠

面對因為壓力（或焦慮、憂鬱等心理健康問題）而苦惱的人，如果我只能給一個建議，那就是「提高睡眠時間與品質」。睡眠的重要性遠高於其他因素，只要睡眠狀況好，幾乎就能獲得生理與心理健康。[11]自從愛迪生發明燈泡之後，長期睡眠不足已成為社會常態，也是焦慮症如此普遍的主因之一。[12]尤其青少年與年輕成人又特別容易在午夜過後還不停使用3C產品。[13]

多少睡眠才算足夠？美國疾病管制中心指出，六十歲以下成人平均每晚需要七小時以上的睡眠，青少年則需要八小時以上，年長者需要七至八小時。[14]少於上列睡眠時間，則等同於邀請心理健康問題的來臨！反之，在你感覺到壓力或焦慮的時候，不妨設法達到上述充足睡眠時間，先持續兩週，然後觀察有什麼差異。

為什麼睡眠有助於降低壓力與焦慮？最直接的生理影響就是幫助大腦與身體休息，在白天面對壓力因子之後重新充電，可以大幅提升你的資源。之後在第三章也會討論的另一個解釋，則是睡眠幫助你接受自己無法掌控一切的事實。人在二十四小時的三分之一時間必須睡眠、不能工作，從而知道自己能做的就只有這麼多。這個認知角度是非常有用的資源，可以幫助我們日復一日面對壓力因子。一旦接受自己不過是凡人，能力有天生的限制，就能學著放下，給自己更多空間。

運動

美國心臟協會建議成人都需要每週至少一百五十分鐘中度到強度的運動，也就是平均每週五天、每天流汗三十分鐘。[15]但美國精神醫學學會竟未提出具體的體能運動建議，或許因為如此，心理健康從業人員並不常建議焦慮或其他病症患者做運動。[16] 然而，現有文獻非常明確指出，若要維繫適當心理健康，至少需要每週五次、每次三十分鐘的運動。[17]

運動為何有助於降低壓力或焦慮？運動與睡眠一樣有許多直接的生理效益，包含釋放腦內啡，以及提升有氧耐力（aerobic capacity）與體能，給人更多資源去因應生活需求。運動的另一個作用（第三章將進一步討論）是讓人接受不舒服的感覺、面對挑戰、堅持下去。很多人熱愛運動，但是，費力去運動在某方面來說並不愉悅。讓自己習慣運動的挑戰，並加以克服，就是教導自己適應生命的起起伏伏，這對於日日面對壓力的我們來說，實是至關重要的資產。

社交

壓力管理的第三個重要策略，就是維繫親密的情感（第二章會討論更多），就最基本的層次來說，這裡先提出幾個重要建議。第一，我對所有病患一律建議：絕不能超過四十八小時不跟任何親友面對面說話，並且不能只聊天氣等稀鬆平常的話題，而是深刻對談雙方心裡的想法。談心可以加深彼此的情感，至少每兩天一次這樣的談話，是人類的基本需求。還有另一個層面的互動，就是肢體的接觸與撫慰。有對象或配偶的人顯然比較容易獲得，但無論處於什麼狀態的人都有同樣的需求。現在整個社會都更重視生產力與事業成就，而非情感關係，眾人心理健康同時也直線下滑，這並非巧合！

降低需求

降低需求的難度一般來說比增加資源來得困難，儘管如此，還是有某些可行的辦法。

暫時遠離３Ｃ產品

３Ｃ產品已不只被用於職場，幾乎成了人體的一部分，日夜不可離，用於看時間、旅遊、購物、看新聞或天氣，當然還有與他人通聯。此外，很多人已習慣每天、每小時，甚至更頻繁的使用一個或多個社群媒體。研究指出，美國人平均每天看手機六十九次，相當於清醒時間每小時十到十二次。[18] 排隊、搭電梯或手扶梯的時候，我們都忍不住想瀏覽與回覆訊息，這種無止境的需求不知不覺造成了多少壓力，實在難以量化，甚至無法形容。

最嚴重的就是休息時間本該好好睡眠，補充最重要的資產來面對壓力，但我們卻盯著3C產品不可自拔。

我必須承認，我自己有時也會陷入過度使用科技產品的作息，幾乎無法避免！但我的猶太民族背景讓我（勉強）維持理智。《哈芬登郵報》（*HuffPost*）是極為成功的新聞媒體，創辦人哈芬登（Arianna Huffington）就是因為過度使用3C產品，二〇一四年某個晚上衰竭昏倒在廚房，臉部正面撞地，需進行全面重整手術來修復粉碎的臉頰與眼周的骨頭。哈芬登因此重新思考人生，寫成一篇精采的文章，她推崇一項古老猶太傳統：每週安息日放下所有生產工作（包含3C產品）。[19]哈芬登說：「若不給自己時間脫離工作並重新充電，決策能力將會受損。」

所以我必須遵循猶太安息日的傳統，對我而言是一種祝福。每週五晚上到週六晚上，我都會關掉手機與電腦，把時間用來陪伴家人，並將專注力放在靈性價值。（當然，實在緊急的狀況也可能打斷我的休息。）同事曾問我，工作責任如此之重，如何有餘裕做到這一點。老實說，我的觀點正相反，我反而不懂當代專業人士竟能在忙碌一整個星期之後不做充分休息？

此處並非建議所有人都遵行猶太安息日傳統，但我強烈建議每個人固定一段時間遠離手機或電腦。我一向建議患者睡前至少半小時就關手機，另外在白天也暫時關半小時（例如運動或用餐時），並且每週一個傍晚完全遠離3C產品，例如你與伴侶或朋友相聚的時候，就關閉手機二至三小時。此外，請不要睡在手機旁邊！請讓手機離床至少十英尺，最好乾脆別放在臥房。單單做到這一點，就可以加速入睡，並減少睡眠中斷次數與其他睡眠問題。[20]

學會說「不」

電視節目主持人賴瑞金（Larry King）在著作中曾寫道，他無法對邀請他上節目的人說不，經常導致行程衝突。有一次，他答應在同一天的同個時段到三個不同的城市赴約。隨著那天愈來愈近，他也愈來愈焦躁和苦惱，但他忽視這些感覺，告訴自己終究會有辦法，卻又想不出任何脫困方式，身體因而承受苦果，心臟病發作，幾乎喪命。[21]許多人都會落入類似的情緒陷阱，或許沒有如此戲劇性，但結果基本相同。因為無法說「不」而造成不必要的壓力，也可能產生嚴重後果。

弔詭的是，我們經常對休息說不，即便是應得的休假亦然。已開發國家的工作族當中，美國人的休假日相對已較少，卻還將大量假日用於工作。[22]根據《哈佛商業評論》（*Harvard Business Review*），美國工作族休假日從一九九六年的二十一天降到二〇一六年的十六天，並持續下滑。[23]此外，雖然大家都知道帶著工作去休假，就破壞了休假的意義，但多數人依然如此。[24]研究指出，休假時間較多的人，其實工作品質反而較高，獲得加薪或分紅的比例也較高。[25]

接受生而為人的限制

除了**對他人說不**，有時也需要**對自己說不**，不要承擔超過能力範圍的責任。很不幸的，當今社會重視生產力多過於情感關係。我們更在意工作成就與生產力，尤其是掙錢的能力，卻不夠在意與人互動並創造愛與被愛的關係。本書第二部將討論如何藉由焦慮的幫助，讓我們與他人的情感關係更親密。但是，若太過忙碌或承受過多壓力，以致於無暇經營感情，那麼任何策略均無用武之地。更複雜的是，我們與家庭、鄰里，或義工團隊的關係也可能是壓力與緊張的來源，因此不可過度專注在必須做的事，而忘了與他人互動的初衷。

之所以產生工作過度的現象，其心理因素其實很基本。我們難以接受一個事實：人類的能力有限，終究無法掌控一切。第三部將繼續討論這一點，此刻你只需要認清自己只有哪些資源，又有哪些無法避免的需求。你必須了解自己同一時間能承擔多少份工作、每週或每月能工作多久，以免操勞到不支倒地。你可以略為跨越極限，藉以磨練自己的能力，但跨越得太高太遠，可就不明智了。

焦慮給你的祝福

以上都是我分享給病患的建議，你若能依循之，就能有效降低壓力值，享受較放鬆、健康的生活。當然，想要完全消除壓力並不切實際，現實生活有時就是令人招架不住。偶爾經受一下資源耗盡或需求暴增的狀況，大致上無礙，反而能促使你尋求更有效率的做事方法，甚至引導你找到潛藏的資源。此外，壓力的痛苦若能迫使你採用上述策略，即便只是其中少數幾項，你就可能將壓力轉變成上天的祝福，讓你了解自己的強項，以及尚可成長之處。

那麼，關於焦慮呢？焦慮是否也能是上天的祝福？為了解釋這一點，首先必須定義與描述「焦慮」，並與「恐懼」相對照。患者若問：「焦慮是什麼？」我便說：「你並未實際看到具體威脅，卻感到恐懼，這是焦慮。」因此，焦慮是神經系統錯誤釋放恐懼感，**是你誤以為周遭有危險（實際上沒有），引發恐懼的心理反應**。請容我解釋如下。

當你的安全受到立即威脅，例如遇到獠牙猙獰的老虎，或是你比較可能遇上的一輛向你疾駛而來的卡車，你的大腦辨識到迎面的威脅，便啟動恐懼反應，以刺激腎上腺素分泌到血液中，這個強大的激素立即導致一連串生理變化，目的都是為了保護你。這些生理變化被稱為「戰或逃反應」，包含以下幾種：

- 瞳孔放大，以便擴大視野、提升感知能力。
- 消化系統放慢，把能量轉移給肌肉與維生系統。
- 血液從身體末梢流向軀幹，協助器官的運作。
- 心跳加速，運送更多充氧血給肌肉（讓肌肉做出更強、更快的反應）。
- 呼吸速度加快，因為身體需要更多氧氣。

這些都是非自主反應，可以幫助你覺察危險，並快速反應。因此，**恐懼是好東西**，而且非常之好！不恐懼反而難以生存。新生兒誕生後不久，就會接受「莫羅氏反射」測驗，通常被稱為「驚嚇反射」。某些醫師使用小號角在嬰兒耳邊製造巨響，有些則是把嬰兒頭頸抬高幾英寸之後驟降，觀察嬰兒是否出現驚嚇反射，若無，便立刻轉診小兒神經科。若是缺乏這種重要的防衛反應，通常代表嬰兒有受傷、感染，或是腦性麻痺等疾病。

焦慮中心每週都有幾百人前來尋求治療，都表示身體有焦慮造成的症狀，包含心悸、呼吸短促、肌肉緊繃、胃痛、肢體末梢麻木或刺痛、頭暈、視線模糊等。這些症狀都是恐懼反應的副產品：

- 胸口悸動是因為心臟正在加速充氧血的循環。
- 呼吸困難或氣喘是因為身體試圖取得更多氧氣，肺部肌肉有必要更努力運作。
- 肌肉緊繃是因為身體正在動員肌肉，特別是頸部與背部肌肉，以準備應戰。
- 胃不舒服比較特別，這是因為身體停止消化食物，以便轉移能量，供自保機制所用。
- 手足麻木或刺痛是因為血液被運往軀幹，在個體真的遭受攻擊之際保留能量，減少血液損失。

- 頭暈與視線模糊是因為保護機制啟動後，瞳孔會放大，讓更多光線進入眼睛，以便擴大視野，但也因此有些失焦。

關於暈眩感，若仔細思考就知道這個反應非常合理。畢竟有一輛卡車正朝你疾駛而來，你是否能看清車牌（視線聚焦）並不重要，但你絕對必須能分辨車子在你左邊或右邊（視角寬廣）。

即便備而不用，也最好能具備健全的恐懼反應，若是遭遇生命威脅，有恐懼反應才可以保全生命。恐懼是維繫身體健全、提高存活率的重要工具，是身體在危機之下確保安全的機制。恐懼是上天賜福，需得珍惜並感恩！

不過，恐懼與焦慮並不一樣。相較於恐懼，焦慮的戰或逃反應不是來自真實存在的危險事物，而是人的心智誤以為危險存在，事實上卻沒有。在缺乏真實威脅時，腎上腺卻被啟動，這些感覺就是焦慮，而非恐懼。如果你正在經歷上述生理與心理狀態，卻沒有卡車朝你衝過來，那便是焦慮。我必須強調，社會環境的確存在足以令人恐懼的狀況，但西方已開發國家人民的恐懼多半是焦慮，因為即便資源有限或闕如，一般都還是享有人身安全，起碼不常有喪命的危險。

不過，在某些狀況下，恐懼與焦慮之間的界線確實難以釐清。例如，健康焦慮是因為過度擔憂身體問題，但這些問題在特定狀況下確實有危險，甚至還有可能隨著時間改變。例如，新冠疫情初期，人們懷疑病毒傳播是接觸感染，便習於消毒物體表面，甚至包含水果與蔬菜！一段時間後才發現，感染病毒最主要還是因為近距離接觸帶原者，且雙方都沒戴口罩，透過空氣中的粒子傳播。

儘管如此，任何狀況下的恐懼都是健康的情緒反應，可以驅動我們採取適當的預防措施，依據當下已知的線索，做出必要的防護。相較之下，焦慮則是過度反應，並非是為了避免實際威脅而採取的適當反應。

既然如此，焦慮何以是上天的祝福？從定義上來說，焦慮是沒必要、立基於謬誤的反應。一個錯誤能有什麼好處？

偽陽性與偽陰性

過度焦慮令人苦惱，甚至委靡不振，但還是好過於危險當前卻不知不覺。就此而言，焦慮是一種力量，表示人體天生的預警系統沒有失靈。火災警報器若是太靈敏，太容易作響，或許會造成不便，卻還是好過於整個房子都燒起來才發出警報。若是能選擇，我寧可處於焦慮、過度反應的狀態，而非神經遲鈍，對潛在威脅沒有反應。

焦慮可以說是「偽陽性」恐懼反應。醫界所說的偽陽性是檢測結果指出某個狀況（例如疾病）的存在，事實上並無。「偽陰性」則是檢測結果指出該狀況不存在，其實卻有。如果是癌症或心臟疾病等嚴重病症，偽陽性在釐清之前雖造成無謂緊張，偽陰性卻更為不利。你病了卻誤以為沒事，可能非常危險。你若沒有肺癌，卻得到偽陽性的檢測結果，直到判定誤診之前或許要緊張一段時間，但你不會因為肺癌喪命。但是，你若得到偽陰性的結果，安心的認為自己沒有肺癌，病症將會繼續惡化，直到為時已晚。

就焦慮而言，呼吸急促或心悸等生理症狀的出現，可能讓你誤以為是心臟病發。你趕往急診室之後，就知道只是恐慌發作，因而安心下來。這顯然是比較好的結果，更糟的是你渾然不知自己有病，終至倒地喪生！這可不是憑空杜撰，根據《哈佛健康雜誌》（*Harvard Health Publishing*），大約半數心臟病發案例都被錯判為危險性較低的狀況。[26]心肌梗塞就被稱為「沉默的心臟病」，症狀有可能十分輕微與短暫，常被錯認為消化不良。

最理想的狀況當然是所有檢測都百分之百正確，全無偽陽性或偽陰性。無大礙卻奔赴急診室確實麻煩，然而，在這兩個選項之間：錯以為恐慌症是心臟病、錯以為心臟病是胃食道逆流，你選哪一個呢？

超人的能力

我們現在已經知道焦慮反應與恐懼相似，差別是沒有實際危險。接下來要討論的是，焦慮就如恐懼一般，可能動用到超人力量。筆者最初診療的幾位恐慌症患者中，有一位三十多歲的男性約翰，開車的時候經常出現極度強烈的恐慌，程度之劇烈令他擔憂出車禍，因此非必要不開車。

第一次進行諮商時，約翰回想最近一次發作，他在多線道高速公路開車，時速六十五到七十英里，當時在冬季的加拿大，路上有許多雪，路肩又堆積著更多雪。行駛在最左邊車道的他開始感到恐慌，心想著：*我得趕快下交流道！*左路肩堆積的雪太多，他怕會撞上去，右路肩的雪已經剷除乾淨，但他得跨過三個車道才行，當時車流量高、車速快，他的視線在左右照後鏡之間來回，感覺耗費如永恆般長久的時間換車道（實際只有幾秒），等他終於挪到右邊車道，便把車子停到路肩，此時他大口喘氣、心跳加速，但起碼已經可以開車窗，吸一些新鮮空氣。

當時我才剛開始診療恐慌症，便向主管說明約翰的情形，詢問該如何處理。主管告訴我，恐慌症患者害怕開車十分常見，他說：「但是，我先問你幾個問題。你申請駕照的時候，他們是不是問你有沒有帶眼鏡？」

「當然。」我說。

「是不是問你有沒有神經系統疾病，例如癲癇或帕金森氏症？」

我記得是。

「好。」主管說：「他們是否問你有沒有恐慌症？」

「沒有，我很確定沒問這個。」

「確實沒問。」他肯定的說：「全世界沒有任何監理單位會問你有沒有恐慌症，你知道為什麼嗎？」

「不知道。」我很好奇他接下來要說什麼。

「因為恐慌不會危害駕駛人，我就可以證明。我經營焦慮診所已經十年，治療了七千五百多位病患，你猜猜看，我的恐慌症患者當中有多少人因此出車禍？」

我不知道，但我逐漸懂得他的論理方向。「零？」我問。

「答對了！」他說：「零！恐慌的駕駛人事實上技術還更好。當你的戰或逃反應被啟動，你可以用等同於超人的能力開車。你那位患者的經驗就是如此，他在車速六十英里以上的雪地車潮當中穿梭自如！」

我自己也發現，當約翰的恐慌程度足以引發戰或逃反應，**湧入血流中的腎上腺素並未令他失去穩定，反而是把車子駕馭得更好**。我跟約翰解釋這個事實之後，他便平靜下來。約翰只是誤以為恐慌很危險，反而導致他更焦慮。

根據《國家法律評論》（*National Law Review*），最常見的車禍原因是駕駛人不專心，可能是分心（例如發手機簡訊）、過度疲勞，或是受到酒精與藥物影響。[27]不過，當恐慌症發作，以上都不再是問題。因為即使你不自知，你會自動進入高度警戒狀態。如果能選擇我的司機是否有恐慌現象，我顯然會選擇「是」。

類似的情況是運動員在上場之前經常也會極度緊張，甚至感到反胃。加拿大曲棍球員葛藍．霍爾（Glenn Hall）可說是芝加哥黑鷹隊史上最佳守門員，被球迷稱為「守門先生」。他有個眾所周知的上場前夕儀式——嘔吐。他回想十九年之久的國家曲棍球聯盟生涯，說道：「我幾乎每一場球之前都嘔吐，有吐就打得比較好，我會亢奮。」有趣的是，霍爾深知焦慮不可怕，那代表他有力量與對手競爭。「那是很自然的，我全力投入，告訴自己：我代表了家族，若沒有水準之上的表現，就太不可原諒了。」[28]

我有幾位從事公開表演工作的患者，包含演員與音樂家，他們上場之前若沒有緊張到胃痛、沒有怯場感，之後的表現多半不如預期。其中一位是這麼說的：「上台之際，我寧願焦慮，也不想遲鈍無感。」

焦慮與領導能力

這些常見的怯場反應也與領導能力相關，某種程度的焦慮可以培養你成為領導人。你要帶領一群人，必須有能力判斷情勢中潛藏的風險，把不論好壞的各種後果都納入考量。身為領導人，你必須評估策略的成功機率，羅列所有可能性，並針對可能發生的情況預擬因應之道。無論是文創、商業、科學工作，你必須為自己與共事的人做好準備，以因應無論好壞的情勢發展。

經營一個組織，或是領導一群人，包含執法、規劃慈善音樂會等，領導者必須有能力預期何時可能發生何種錯誤，並考量各種可能性與後果。沒有人希望自己的領導人不可靠、失誤連連，而且無法預判問題所在。就此而言，焦慮可以幫助領導人更謹慎進行決策、更能解決問題，且較不至於不預先思考後果就做出草率決定。

焦慮也使人以更快、更強、動力更高的方式因應困難的挑戰，雖然有時可能出問題，但我在臨床經驗中看到，焦慮的人一般也都更熱情、有活力，可以對世界做出許多貢獻，前提是必須學習以更有效的方式管理自己的憂慮不安。焦慮就如恐懼一樣可以使人加速反應、提升表現，甚至強化覺察與認知能力。

必須說明的是，過多焦慮還是可能影響判斷力，造成反效果，但低度或甚至中度焦慮則能強化責任感、反應力與覺知力，讓預判能力更強，更知道如何做好B計畫，因此有助於減壓、省時、省錢。當然，焦慮若導致你過度思考，繼續做出C或D計畫，甚至E、F計畫，就成了反效果。然而，若能選擇太少焦慮或太多焦慮，我無論如何還是寧願太多，把不危險的狀況視為危機，還是好過於面對危局卻無法感知危險。

你可能很狐疑，**如果焦慮這麼好，為什麼會讓人難受？**你可以這樣想：你在自家車道上準備開車去購物或上班，卻注意到引擎聲音有誤。引擎怠速期間的轉速大約每分鐘六百到八百轉，暖車的時候高一些也正常，但回到怠速狀態卻仍高速運轉就可能有問題，會造成耗油、馬達磨損，甚至起步暴衝。這不表示車子要報銷了，只是需要檢修引擎。同樣的，焦慮也不代表你本人要報銷了，而是表示事情運作得很好，但你「過熱」了，必須有所調整。

無論如何，一台跑得過熱的車還是好過於不跑的車。

不焦慮的風險

太多焦慮與太少焦慮的差別該如何說明，我想最好的方式就是以兩位患者做對照。我曾在同一段期間診療兩位背景十分相似的患者，他們幾乎可以是兄弟，甚至名字的第一個字母都相同，我很自然就將他們聯想在一起。這兩位年輕男子都二十出頭，都來自紐約郊區富裕中產階級家庭，都就讀於當地的文理學院，並希望取得法律學位。兩人相似處到此為止。從診斷結果來看，他們可說是兩個極端。

艾敦的問題常被稱為「缺乏動力」，好家庭出身的年輕人常是如此，他們沒有必須成功的壓力，實際表現常低於自身能力，常因為生命無法跨步向前而感到哀傷與自我懷疑。

艾敦起初看起來很有自信，甚至一副無所謂的樣子。他的成績不特別好，卻希望進入法律界。能否進入好的法學院取決於入學考試，他卻還沒開始做準備。他有吸大麻的習慣，經常晚起，最近還退掉一門他覺得太難的課。艾敦看似不在乎，在我的詢問下，他說事情「總會找到出路」，前來求診只是因為父母擔心，他則認為父母反應過度。

艾敦好似這輩子都能生活無虞，事實上家裡能給他的財富並不算多。我們見了幾次面，但他一直沒有動力改變行為模式。要讓艾敦有動力，首先必須讓他不舒適，但他一直都過得很舒適，最後，他不再來看診。我在將近一年之後聽到他的消息，他搞砸了法學院入學考試，在校成績也幾乎不能畢業，也沒有任何高薪工作等著他。他的父母已經無計可施，他嗑藥的情形也完全失控，但他依然對未來感到樂觀，因此我也幫不上忙，我甚至對他說：「我希望你可以更焦慮一點！」

對照之下，艾帝就顯得緊張兮兮，雖然成績很好，也日夜不休準備法學院入學考試，卻感到極度恐慌。他花太多時間讀書，社交生活非常少，以他的經濟狀況來說，應該能過著相當歡樂的大學生活，但他似乎沒有。他穿西裝打領帶來做第一次諮商，因為他想給人好印象。他的對照組艾敦第一次諮商就遲到二十分鐘，穿著破破的 Phish 搖滾樂團T恤，身上味道好似幾天沒洗澡。

就臨床而言，艾帝的配合度比艾敦高許多，他沒有因為家庭富裕就放鬆，反而認為因此有必要取得成功。他不滿於現狀、高度緊繃，因此過度消耗。但我從整體情況觀察，認為艾帝基本上處在很好的態勢，只需要學會放鬆。我請他設法減輕壓力，讀書之餘也安排時間休息，週末去參加派對，跟朋友在一起。我有一次甚至得提高音量對他說：「艾帝，你必須放鬆一點！」我還鼓勵他聽 Phish 的音樂，去參加演唱會，心想他若能在演唱會認識艾敦該多好，可以把他的焦慮與積極分一點給艾敦。不過這只是異想天開。此外，不似艾敦，艾帝願意聽我的話，他學會放鬆一點之後，原本的積極努力並未削減，創作力也沒受損，反而更用功，而且效率更高。

法則 1：判斷是壓力還是焦慮

若能認同焦慮的存在，學著與它合作，而非否認或對抗它，焦慮最終就能變成助力。首先必須能區分焦慮與壓力，這需要你花時間專注觀察自己內心的狀況。

第一步

在開始之前，先安排一段不會被干擾的時間，至少五到十分鐘，最好獨處，坐在舒服的椅子上或書桌前。然後，關掉手機！

第二步

回想你最近幾次強烈感到憂慮（壓力、恐懼或焦慮）的經驗，如果你當下正在憂慮，就專注於當下。接著問自己是否壓力如山，例如：

- 你是否覺得一天的時間不足以完成需要完成的事？

- 你是否無力招架工作、學業，或其他職責？
- 你是否缺少時間、金錢，或其他珍貴資源？
- 你本人或親友是否有健康問題，造成你情感上的沉重負擔？
- 這種類似焦慮的感覺，是否在生活需求大過於可用資源時，就變得更加強烈？

一個以上的肯定答案就代表你有某種程度的重大壓力。

壓力與焦慮有可能並存，所以有壓力並不表示焦慮就不存在，但必須加以分辨，才不至於將兩者混為一談。

第三步

面對壓力，解決之道只有兩個。一是增加可用資源，二是降低生活需求，當然也能兩者同時進行。你可以透過以下方式增加資源：

- 改善睡眠品質與時間。設法在接下來兩週內每晚至少睡滿七到九個小時。
- 動起來！體能運動對維繫精力而言至關重要，設法在接下來兩週內做到每週至少五次、每次三十分鐘足以鍛鍊心肺效能的運動。

- 與他人有情感連結，在接下來兩週內定時與好友（或諮商師）分享你的感覺。

你可以透過以下方式降低生活需求：

- 安排一段時間遠離3C產品：每天三十分鐘、每週有一段更長的時間、每晚睡前半小時，完全不看3C產品螢幕。光是做到這一點，就能改變你的生活！
- 感到壓力超過負荷時，對他人說「不」。
- 接受事實：身為人類的你，天生能力有限。

第四步

現在再次回顧近期你感到憂慮（壓力、恐懼，或焦慮）的經驗，並問問自己是否嚴重焦慮。請記得焦慮是你並未遇上真實危險，卻產生恐懼反應的狀況。例如：

- 你是否在出現類似恐慌的感覺時，擔心可能突然死去，但你實際上並沒有病症？

- 你是否過度擔憂他人對你的想法，事實上他們並不曾批評過你？
- 你是否對日常狀況擔憂過多，例如家人的安好、健康、經濟狀況？
- 你是否過度擔憂可能生病？
- 你是否害怕碰到蜘蛛、狗、蛇，或是其他常見物種？

如果你有一個以上的肯定答案，那麼恭喜你，你確實焦慮！請注意，壓力與焦慮有可能同時存在你身上。

第五步

本書有很多方法可以管理焦慮，在這項法則我們只需要專注在其中一點：**理解到恐懼與焦慮是一種祝福**。請花幾分鐘思考並了解這一點，感到焦慮並不表示你本人有哪裡不好。相反的，焦慮是一種指標，代表你的恐懼反應機制正常，這可是攸關生存的重要機制。你確實可能需要學習放鬆，允許事情緩一緩，但是，太多焦慮絕對好過於太少焦慮。

請想想，焦慮是不是：

- 幫助你發現事情可能在何時出錯。
- 幫助你表現得更好，成功完成任務。
- 幫助你做好準備，站上領導人的位置。

第2章 接受自我

焦慮教你自我疼惜、接受自己的原貌

為了理解焦慮的本質，以及為何焦慮可以被視為資產，而非負擔，我們首先必須盡可能釐清焦慮是如何、為何發展到失控的地步。如第一章所述，許多人混淆了壓力與焦慮。壓力來自於資源耗損過度，例如錢財、健康、感情、時間；焦慮的起因則是誤觸戰或逃反應機制。二者都可能引發更多焦慮，陷入惡性循環，導致情緒失控。有時壓力可能催化焦慮逐漸蔓延，有時焦慮本身自相加乘，愈演愈烈，甚至如消化不良或呼吸不順的單純起因，就可能演變成嚴重焦慮。如果哪天空氣品質較差，你感到呼吸不順暢，或是辦公室空調溫度改變，突然熱了幾度，都可能是最初的起因，最後導致焦慮。不論起因是什麼，我們必須了解自己是如何、為何變得焦慮。本章將一步步說明我所稱的「焦慮漩渦」（anxiety spiral），然後著手反轉漩渦，讓焦慮幫助我們變得更強大。

焦慮漩渦

我們先問一個關鍵問題，也就是：當你正感到焦慮的時候，你對自己的看法是如何？許多患者甚至沒有意識到一個事實：每當戰或逃反應的生理狀態暴發，他們就開始想到最糟狀況。但是，一旦追根究柢，幾乎每個患者都意識到，他們在戰或逃反應被觸發時所採取的動作，都是焦慮造成的災難化反應。他們恐懼的其實是當時的感覺，更糟的是還自我批判、自責，認為自己沒出息，因而產生負面的自我評價。

他們有時更往最糟的方向思考，例如：我死定了！或是：我神經錯亂，沒辦法處理這件事了！其實他們都有過相同經歷，卻依然活得好好的。把事情想像成災難，只是更加深了焦慮。

這種時候，他們的自我感覺總是往負面的方向走。他們想著：我到底有什麼毛病？並且自問：為什麼是我？然後拿自己與他人比較：我沒看過誰像我一樣有這種反應！還對自己說：我是最差勁的人。然後開始克制不住批評自己。

這些想法實在缺乏根據。如第一章所述，焦慮是戰或逃反應機制被誤觸的偽陽性反應，是缺乏實際威脅的類恐懼經驗，既不必要也令人不悅。戰或逃反應機制是精神生理學的一個神奇機制，人若是誤解事情的危險程度，並誤用了這個機制，就會產生焦慮感。

然而，焦慮本身並無可怕之處。我的診所服務過上萬名病患，沒有任何一位死於焦慮！沒有人因為焦慮症狀而受到實際傷害，或是因焦慮發作而精神錯亂。焦慮狀態確實有可能導致行為問題，包含酗酒、嗑藥、自戕，慢性壓力與焦慮也確實可能提高致病風險，這在第一章已經討論過。但必須釐清的是，焦慮本身並不危險。而且，大量的腎上腺素絕對無助於減輕焦慮，所以，恐懼反應產生之際，若再加上災難化或是自我批判，只會火上添油。

事實上，焦慮不是自我批判的理由。只因為焦慮就自責，一點道理也沒有。人都會犯錯，偶爾就是會誤解當下情勢，誤觸了戰或逃反應，此時不只會恐懼，還會焦慮。但是，戰或逃反應本身極具正面效益，甚至可以說，一個人若從未體驗過戰或逃反應，身體很可能有問題，若真遇上危險，就無法正確感知與警戒。

筆者最近與朋友聚會時，一個朋友聊到他在好市多購物的經驗。他說：「每次去量販店，待幾分鐘之後就會出現腦霧，覺得緊繃和焦躁。」我聞言相當驚訝，因為他一向很能適應環境，總是顯得十分穩重，為什麼好市多令他焦慮呢？這時他開始分享祕訣，說：「不過，我就對自己說，這是很正常的感覺，誰在好市多不會覺得不自在呢？這麼一想，我就平靜了一點，再待幾分鐘之後，我就沒事了。」現在回想起這段談話，我意識到這就是他之所以穩重的原因。他跟許多人一樣被焦慮影響，但他沒有放大焦慮，而是透過內心的自我對話，認可自己、疼惜自己，因此不至於把狀況災難化，或開始自責。在他克服了最初的心理反應之後，甚至能享受當時的經驗。

人們總覺得焦慮是沒理由的突如其來，非也，那是十分微妙的一連串過程，我稱之為「焦慮漩渦」。壓力、恐懼，甚至是低度焦慮，都是可預期的情緒，也不見得是麻煩，但後續發展卻可能導致嚴重問題。我們對壓力、恐懼、焦慮的「反應」才會導致焦慮增生，這就是焦慮漩渦。不過，只要能依循本章的指引，令人不適的反應就會逐漸緩解，不至於產生太誇張或值得憂慮的後果，並且也能開始將焦慮轉化為自我成長的力量。

一旦選擇以負方式回應你的壓力、焦慮、恐懼，之後的感覺就會令人害怕、苦惱、擔憂，以及焦躁。把焦慮災難化，身體便分泌更多腎上腺素，生理症狀也更加嚴重。更糟的是，許多人認為焦慮發作是因為自己有問題，這才真正讓問題不可收拾。下次又感到焦慮的時候，他們不僅要面對焦慮，還要面對自我批判，如此難上加難，猶如火上添油。

被稱為認知療法之父的亞倫．貝克（Aaron Beck）博士認為，單一事件本身從不致引發負面情緒。[1]事件本身並不引發感覺，而是我們在過程中的「認知」，其中總是有兩個步驟：**我們對事件採取特定解讀方式，因而產生特定情緒**。

假設你正倒車出自家車道，途中撞到了什麼，聽起來是金屬，你急踩煞車，這時第一個感覺是**恐懼**：「天啊！希望我撞到的不是人！」你下車看到是兒童腳踏車，便說：「我真是笨蛋！怎麼沒看到呢？」你此刻開始感到**沮喪**。但等你看到保險桿被撞凹，情緒又升高為**憤怒**，氣那個把腳踏車放在你家車道的人。「隔壁小孩老是亂丟腳踏車！」又或者，你看到車子或腳踏車都沒有損傷，可能鬆一口氣，覺得很**感恩**，慶幸沒有傷到任何人或造成任何傷害。

以上分別是不同的情緒體驗：第一是恐懼；第二是自我批判（有可能快速演變成憂

鬱）；第三是憤怒；第四是感恩。這些都是合理的情緒，而決定你產生哪一種情緒的關鍵因素，是你對當下事件的想法。

所以，如果某件事觸動了戰或逃的生理感受，**但你的思緒腦判斷當下並沒有需要恐懼之處，你就不會繼續增生焦慮**。相反的，如果焦慮感一出現，就被解讀為危險或自己的弱點，焦慮感便被強化，使人落入焦慮漩渦，快速且下意識產生焦慮感與負面思考。你愈是焦慮，就愈是以擔憂、失望、疑慮的角度去解讀焦慮，焦慮症狀也就愈嚴重。

患者常說焦慮的發作無法預知，事實上並非如此，甚至從非如此，焦慮的進程完全可以預測，放慢觀察就能清楚看到發展週期，從最

認知模式

事件不會引發感覺，而是引起過程中的認知，這是兩個步驟的過程。

初感到苦惱，進而負面解讀這苦惱，終而造成焦慮症狀惡化。

災難化與自我批判

胡立安二十多歲，因恐慌症前來就診，他最初的症狀其來有自，他住在洛杉磯，空氣品質一度非常惡劣，他因此略感呼吸困難。胡立安的母親患有嚴重的慢性阻塞性肺病（COPD），他成長過程日日眼見母親呼吸困難，並因為慢性支氣管炎不斷就醫。所以，當胡立安某天感到呼吸困難，便引起強烈恐慌，不是把呼吸問題歸咎於空汙，而是落入焦慮漩渦。第一個念頭是：天啊！我要死了！我就要跟母親一樣終生有COPD。他立刻下意識墮入悲慘回憶，然後就是全面恐慌。恐慌感進一步壓縮他的呼吸空間，造成他對狀況的解讀又更為負面。

胡立安產生嚴重的健康焦慮，看遍了南加州的COPD專家，做盡各種檢測，經常連續數小時在電腦上瀏覽網路醫師網站。他每察覺一個新症狀，執念就更深，只要呼吸有點受限，就立刻得出一個嚇人的結論，心跳也愈來愈快，後來注意到喉嚨有痰，認為是肺部問題，焦慮又再升高一級。當然，沒有醫師能給他一個解釋，因為他沒有COPD的徵兆。他甚至做了皮膚結核菌素檢測，想判斷是否有潛伏或隱性的肺結核菌感染。最終他不再看西醫，開始求助於自然醫學，醫師建議他補充營養品與酊劑，從紫錐花到大麻二酚油等等，就這麼過了幾年，他的全科醫師終於發現問題所在。

醫師說：「我有個消息要告訴你：你沒有呼吸問題。我認為你有焦慮症，需要心理健康專業人員的協助。」

這時胡立安打電話到我的診所，並決定到紐約市待兩週，密集與我和診所同仁合作。我們只用了幾分鐘就確認胡立安的確非常焦慮！我們向他說明焦慮漩渦，以及他是如何陷入其中。他的學習速度很快，兩次諮商之後，情況就開始好轉。他在理智上知道他的肺很好，其實是焦慮。到了第三天，他卻未依約出現。診所同仁去他的住所探視，他應門時穿著睡衣，他說對自己感到非常失望，以致於連起床都做不到。

「我浪費了三年的生命。」他指的是先前一心以為得了肺病。他說：「我覺得自己是徹底的魯蛇。」

我們說服胡立安回到診所，向他解釋這問題已經存在三年，顯然必須治療不只一兩天才可能好轉。我們也提供許多資訊，讓他了解常見的焦慮症。在確認他狀態穩定之後，我們請他隔天再回來繼續療程，他也同意了。之後，我們把重點放在練習自我疼惜，以及避免自我批判。

我們首先建議在三個領域增加第一章所說的資源，以便因應壓力：更多睡眠、更多運動、固定與朋友互動，以此確保胡立安能打好基礎。其實無論是否有壓力或焦慮，任何人都需要這些重要資源。

此外，我們強調胡立安必須避免墮入焦慮漩渦：把呼吸問題誤解為災難先兆，以為是慢性肺部疾病；因為自己竟然會焦慮而折磨自己，然後自責浪費三年無謂空轉。我們告訴胡立安，就平均壽命而言，三年不算太長，況且這三年已是過往，他也已然踏上更美好的路途。他畢竟才二十幾歲！能夠如此年輕就找到更好的路，未來必能培養出更具韌性、更堅強的個性，可以面對壓力與心理健康問題。確實，許多焦慮症患者在處理好問題之後，最終都過著更好的生活。若是從未罹患焦慮症，或許無法因此過得更好。

胡立安最需要的心理建設，就是學習自我疼惜。他必須採取建設性的做法，否則可能產生危險。我們告訴他：「如果你繼續打擊自己，問題可能會比焦慮更嚴重，例如具有臨床意義的憂鬱症。」對焦慮症患者來說，哪怕只是一點點的自我疼惜，都能產生莫大助益。重點是要接收焦慮給我們的訊息，照顧好自己在生理與心理上的需求，練習疼惜與關愛自己。許多人總是為了逃避焦慮而逼迫自己更努力，其實你應該更疼惜自己。你遛狗的時候若發現狗兒喘得厲害，難道不會讓狗休息一下、喝口水嗎？你得像疼毛小孩一樣，以至少同等的關愛對待自己。

焦慮漩渦的各個階段

患者常說焦慮發作是「突如其來」，其實若放慢這個過程，就能看出一個典型、可預測的發展途徑。災難化與自我批判最可能造成焦慮揮之不去並加劇惡化。人焦慮時，常把焦慮感當成一種指標，指出了自己的懦弱。

以下是焦慮漩渦的發展階段：

- **起因**：壓力、恐懼，或是某個偶發事件觸動交感神經系統與戰或逃反應機制，啟動了焦慮漩渦。從第一章的案例珍恩可看出，即便本人無所悉，壓力確實是焦慮漩渦的起因之一。就胡立安而言，起因是某日空氣品質特別惡劣，導致他呼吸困難。其他包含憤怒的情緒、性行為之後的生理症狀，都可能是起因。但起因本身不見得重要，重要的是我們的反應。

- **災難化**：當緊張情緒升高，思緒便加速運作，把焦慮往最壞的方向思考，例如下雪天在加拿大開車的約翰以為焦慮將危及性命，又例如胡立安以為焦慮症狀很危險。這些想法導致腎上腺素大量分泌，使得焦慮更加惡化。
- **自我批判**：當我們感受到身體的反應，常嚴苛批判自己竟然感到焦慮。這可能是不自覺的潛意識思路：責怪自己懦弱、愚笨、無能，以為旁人都清楚看到自己正在焦慮（通常並非如此），因此更為羞愧。
- **漩渦成形**：類焦慮的感覺出現之初，若以負面方式解讀，就可能強化生理症狀，導致戰或逃反應機制持續運行。當人感應到身體產生全面反應，更加催化自我批判，而負面解讀導致的惶惑不安，又造成焦慮症狀持續湧升。

直搗焦慮之黃龍

數年前一位患者瑟曼莎從歐洲打電話向我求助，她的焦慮症狀常導致衝動決定。每當感到焦慮，她就立刻開始自我否定，此時經常不假思索就找人談戀愛，情愛冒險的刺激可以暫時緩解焦慮，一旦焦慮解除，立刻意識到吸引她的並非真愛，因此在心理上又更加與自己過不去。更糟的是，她接著就發訊息給親近的女性朋友，報告她的行為，並且辱罵自己反覆做出自我毀滅的行為。朋友們已經盡可能給予支持，但瑟曼莎的自我毀滅週期太過頻密，令朋友們難以承受並逐漸失去耐心。瑟曼莎透過社交互動（談戀愛、向朋友訴苦）來逃避焦慮，效用不彰，如此的行為模式其實只會讓焦慮加劇。

我與瑟曼莎合作數個月後，她逐漸了解到自己先與男性互動，再與朋友訴苦，就是她焦慮之際訴諸的解決方式。（接受治療之前，她甚至不曾意識到這個事實。）她發現她其實是想告訴自己，如果無法成功解決情緒問題，起碼可以在愛情上成功。當然，這個策略總是失敗，事情的反覆也令她更無地自容。從治療中認識到這一點之後，她開始變得堅強一些，認真調整自己，接受自己的焦慮，不再訴諸於錯誤的情愛關係，內心因而產生力量。

然而，一如凡人所為，瑟曼莎碰到瓶頸，難以堅持下去，才幾個星期，她就把持不住，事情接二連三發生，她重蹈覆轍，在焦慮之際，便反射動作似的又與人調情，然後傳訊給朋友，被朋友責備，瑟曼莎墮入自我嫌惡與絕望。不過，這次她選擇了不同的途徑，能夠伸手向我求助。我對於她的選擇給予肯定，因為她跨出了重要的一步。我提醒她，這是她經歷過的狀態，若要對抗自我批判與負面行為，就要認清焦慮漩渦，並練習去接受與疼惜自己。

瑟曼莎決定用一天的時間練習照顧自己，她安排自己好好吃午餐、處理幾項瑣事、暫離社群媒體。她先前總是不停在社群媒體上傳一些她並不在乎的事物，用以掩蓋她對自身行為的擔憂。第二天，我問她是否還自責「我搞砸了」，她說：「我想清楚了，我發現自己其實很高興我搞砸了。我因此有機會學著接受自己。下次若再因為怕工作出錯而焦慮，我會做一些對自己好的事情，而不是追求浪漫關係去分散注意力。」她也打電話向一位女性朋友道歉自己跟她倒垃圾，談到她獲得的啟發，並請朋友幫忙，萬一她又陷入自責的舊習，請朋友提醒她好好照顧自己。

正向漩渦

焦慮漩渦起初是良性症狀，接著因為災難化、自責、自我批判而使得焦慮惡化。你其實有另一個選項：一旦感受到焦慮症狀，你可以選擇接受它，並且對自己寬厚一些。若能做到這一點，不僅焦慮感會降低，跟自己的關係也能改善，從而成為更強大的自我。

我稱之為「正向漩渦」。焦慮不是命定，你完全可以脫離焦慮漩渦，並因此讓焦慮成為生命中的助力。需要澄清的是，你或許無法避免因為偶發的恐懼或輕微焦慮而出現生理症狀，但你絕對可以選擇是否視之為災難、開始自責，因而導致焦慮漩渦，或是接受自己、對自己寬厚一些，因而把焦慮化為力量，幫助你自我成長。

正向漩渦中的人因為焦慮而生出力量，而非被焦慮擊敗。**他們接收了焦慮的訊息，將之化為力量，不允許焦慮占上風**。治療數千名病患之後，我發現若要避免陷入焦慮漩渦，必須先意識到你可以克服它，你不是命定要深陷其中、被焦慮阻擋道路，你有能力選擇另一條路徑，可以去克服焦慮、拒絕焦慮漩渦，一旦你做出這個選擇，並加以練習，情況就會好轉。

以下是正向漩渦的模式：

- **起因**：起初身體的感受與焦慮漩渦一樣，因為無法控制壓力、恐懼，或任何啟動戰或逃反應的因素而產生某些感受。若想進入正向漩渦，你必須先記得，在「戰或逃」反應被腎上腺素啟動之際，「休息與消化」系統也同樣被乙醯膽鹼啟動（之後將進一步說明）。

- **接受焦慮**：不把事件想像成災難，而是接受你的焦慮感，認知到這些焦慮感終將消退。請記得，急性焦慮沒有危險性，不會造成「神經錯亂」，只會令人不舒服而已，無需因此擔憂。此外，不要與不適感對抗，這樣只是讓情況更加惡化。你應該試著允許焦慮如潮水襲來，試著感受它，不設法擊退它，自然而然的，它就會退潮了。
- **自我疼惜**：別因為焦慮而批判自己，而是接受自己，練習疼惜自己。提醒自己記得：腎上腺素偶爾被啟動是自然的，表示戰或逃反應機制的功能正常。**這些都不代表你本人有問題、懦弱，或是比別人差勁**。所以，對自己好一點，焦慮的時候要滿足自己的需求，用愛給自己支持，同時接受並容許焦慮帶來的不適感。
- **降低焦慮**：當你能接受焦慮並疼惜自己，焦慮的消退便只是時間問題，通常只是幾分鐘，有時也可能更久一些，這取決於起因的性質與強度，以及你練習自我接受與疼惜的程度。練習一段時間之後，你將能與自己建立一個更強韌與親密的關係，得到自我成長的力量，讓你更勝於未曾經歷焦慮的你！

休息與消化系統

物理學家牛頓提出，每一道作用力必定對應著相等的反作用力。牛頓論述的是力學，也就是他的第三運動定律，但同樣的道理也適用於焦慮。我們在第一章已經學習到戰或逃是身體自然且健康的反應，可以將腎上腺素釋放到血液中，讓人在危險時刻保持安全。當我們感應到威脅，啟動了戰或逃反應，副產品就是與焦慮相關的生理感受。只要不持續刺激戰或逃反應，焦慮症狀就會隨著腎上腺素降低而自動消退。

所幸，人類的另一個內建系統可以直接對「戰或逃」施以反作用力，也就是「休息與消化」系統，主要是經由神經傳導物質「乙醯膽鹼」來啟動。[2]就此而言，乙醯膽鹼與腎上腺素是相反的，腎上腺素會直接抑制乙醯膽鹼，分泌之後可以暫時阻止乙醯膽鹼對身體的作用。不過，在腎上腺素進入血液之後不久，乙醯膽鹼也會增多，在三十到一百二十分鐘之內，神經系統的乙醯膽鹼含量會提高。[3]這聽來似乎矛盾，其實不然，在戰或逃系統升級之後，休息與消化系統也會自動啟動，目的是讓身體穩定下來。

「戰或逃」和「休息與消化」一般稱為交感神經（戰或逃）與副交感神經（休息與消化）的作用。交感神經系統在人感受到威脅時分泌腎上腺素，讓身體立刻動起來，保護自身安全。副交感神經系統則是合成乙醯膽鹼，在感受威脅之後的幾分鐘或幾小時幫助身體逐漸平靜下來。

休息與消化系統被啟動時，身體可以感受到幾個重要的生理轉變。若是與第一章描述的戰或逃系統比較，就能看出是完全相反的作用：

- 瞳孔縮小，縮減你的視野，提高對細節的觀察力。
- 消化系統重新被啟動。
- 血管擴張，讓血液正常流向肢體末梢。
- 肌肉纖維放鬆。
- 身體休息之後，心跳變慢，回到正常速度。
- 呼吸頻率降到正常狀態。

你或許會問，為什麼戰或逃反應可以立刻產生，而休息與消化系統則需要一些時間才能對身體產生作用？從生理學來說，腎上腺素既是神經傳導物質，也是荷爾蒙，所以能對腦部產生作用，也能直接進入血液循環，快速發送到身體各處，並立即產生作用。相較之

交感神經（戰或逃反應）／副交感神經（休息與消化反應）／焦慮

人感應到威脅，交感神經的戰或逃反應便釋出腎上腺素，同時出現焦慮症狀。不久後，副交感神經的休息與消化反應則釋出乙醯膽鹼，讓人逐漸回復到平靜狀態。

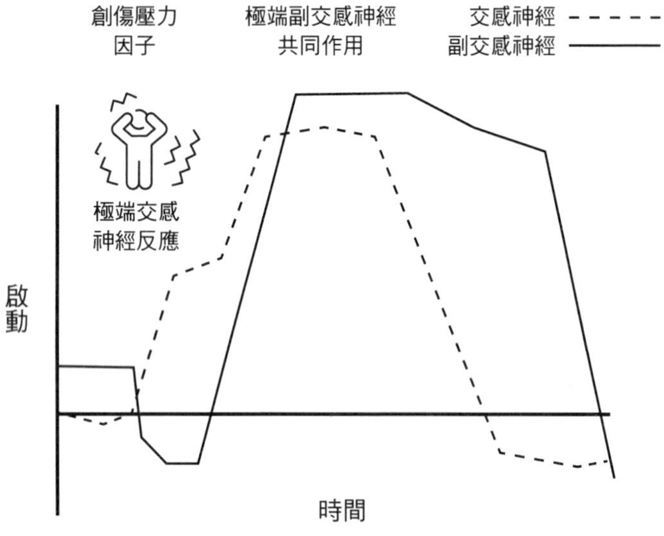

本圖在 Creative Commons 4.0 International 許可下進行重製與修改。4

下，乙醯膽鹼是神經傳導物質，但不是荷爾蒙，不能進入血液循環系統，所以必須透過神經肌肉接合處，在神經系統運行，才能啟動生理上的改變。更重要的是，如果副交感神經系統的作用速度與交感神經系統一樣快，根本不能做出戰或逃反應，因為它會立刻被抵消，若是如此，戰或逃系統就無法在危機中保護我們。畢竟在威脅之下，我們必須毫無遲疑的做出反應。

以上的知識（治療者稱之為「心理教育」）將大幅影響我們如何看待焦慮。啟動正向漩渦的第一步就是要記得：人感到焦慮之後不久，身體便已經開始生成神經化學物質，以之抵消戰或逃反應，並啟動休息與消化反應。只要不繼續刺激戰或逃系統，交感神經作用必將消退，副交感神經必將接手，身體必定會逐漸放鬆。你只需放手讓過程走下去，腎上腺素就會停止分泌，乙醯膽鹼就會發揮作用，讓你平靜下來。

當你開始被焦慮淹沒，只要在心中想著這個道理，就能減緩你的緊張與惶惑。筆者為何如此確信？因為，你若懂得焦慮只是人體自然反應，本身沒有危險性，與此同時還有天生的休息與消化反應存在於你的身體，那何需憂懼不存在的災難呢？

請想想：為什麼恐慌不會永久持續？你必定具備一個內建機制，可以處理恐慌反應、阻止身體引擎過熱！你只消等待這個機制發揮作用。

接受焦慮

當你理解了人體機制天生就能感受、承擔、緩解焦慮症狀，你便踏出了進入正向漩渦的第一步。但第二步又更加重要，處理焦慮（導正焦慮漩渦）的重要關鍵，**就是接受焦慮，而非壓抑它**。

接受焦慮就是允許焦慮從身上通過，不與之奮戰，或試圖以任何方式降低它。若是選擇壓抑焦慮，就必須圍堵、阻擋、隱藏焦慮感，手段包含設法摒除那些擾人的想法、感覺、情緒；設法專注在焦慮起因之外的任何事物，以便讓自己分心；或是躲避任何可能令人焦慮的情境。許多人在焦慮一出現就設法壓抑之，焦慮畢竟令人感到痛苦，想逃避也很正常，但是，壓抑焦慮常只是讓它更嚴重。

波士頓大學焦慮病症中心曾進行一項深具指標性的研究，研究人員分別觀察兩組接受焦慮與壓抑焦慮的受測者。[5]他們請受測者觀看一段簡短但令人極度不適的殘酷暴力影片，同時詢問受測者的焦慮程度，並測量受測者在觀看影片前、中、後的生理反應（心跳速度）。

受測者在看影片之前就被隨機分組，一組被指示要接受自己的情緒：「對抗自然產生的情緒只會強化與延長你的痛苦，請讓自己接受這些情緒，不要試圖抗拒。」令一組受測者則被指示要設法壓抑他們的感受：「你沒有理由忍受不必要的不適與痛苦。請控制你的負面情緒，設法壓制情緒。」

你猜結果如何？兩組受測者看影片時都回報了相同程度的痛苦，畢竟影片內容著實可怕。但是，「接受」組的受測者在看完影片之後呈現的焦慮程度低於「壓抑」組受測者。此外，壓抑組看影片當下的心跳加速，而接受組的心跳則是比看影片之前更低。也就是說，即便兩組受測者都被影片內容折磨，壓抑組的焦慮增加，身體的反應也較強。相較之下的客觀結果指出，**設法接受負面情緒的人在生理上的不適感，甚至比開始焦慮之前更低**。

這只是眾多研究結果之一，數以千計的研究都指出「接受焦慮」的正向作用。當今在治療焦慮症的最新精神治療方法就是「接受與承諾療法」（acceptance and commitment therapy），簡稱為ACT。[6]其核心概念是：「接受你的感覺，而非與之奮戰，你就會立刻感到舒緩許多。」一個常被治療師引用的比喻可以指出此概念的菁華：

想像你掉入巨大地洞，沒法爬出來，地洞也沒有出口，你苦於受困，開始在洞裡搜尋，找到一個工具包，裡面有鏟子。你立刻拿起鏟子開始挖掘，愈挖愈奮力，試圖挖出一條通路。幾分鐘後，你疲累、爆汗、一身髒汙，卻只是把地洞挖得更深。你休息了一會兒，但很快就又感到無法忍受自己受困，於是再度拿起鏟子，這次挖得更快、更使勁，卻更累、流更多汗、身體更髒，而且陷入更深的地洞。最後，你終於意識到鏟子只是讓你愈陷愈深，你只有一個選擇：接受身在地洞的事實，試著善用當下的狀況。一旦這麼想，便立刻不再覺得受困與痛苦，經過一段時間，甚至開始享受身在地洞的感覺，因為你有很多時間可以好好想事情。

「接受」的弔詭與矛盾之處，在於你一旦停止對抗負面情緒，它反而開始消停，常至渺無蹤跡的地步。焦慮的生理機制十分清楚：你若與焦慮奮戰，就會啟動戰或逃反應，因而使得焦慮更持久與惡化。相反的，當你不再試圖改變自己的焦慮狀態，直接放手允許自己焦慮，此時腎上腺素就開始消退，讓位給乙醯膽鹼來洗滌你的神經系統，讓你享受休息與消化反應的美好感受。

筆者接受焦慮的親身經驗

我在過去十年做過兩百場以上的演講，聽眾有時多達五百人，包含哈佛醫學院、達特茅斯學院、哥倫比亞大學舉辦的令人緊張的學術研討會，以及社區組織的小型聚會。幾年前，我受邀與一群十四到十六歲的高中女學生對談，我必須承認當時不曾做足準備，聽眾並非專業學者，我亦未嚴肅對待。因為不甚在乎，所以當主持人介紹我上台時，我竟然冒冷汗，令我大感詫異，走向講台的途中，我手心出汗、嘴乾舌燥，甚至有點發抖，開口說話的時候聽到自己的聲音有些顫抖。眼前人海都是一臉開懷的少女，我對自己說：「天啊！你害怕跟高中生說話！太扯了！這應該是最容易面對的聽眾啊！」

這完全出乎我的意料之外，所幸我知道如何因應。我克服了直覺的恐慌反應與自責，聽到內心自語：「你得以身作則。接受！讓情緒進程走完！不要跟它對抗！」

我看到前面有一杯水，但刻意決定不喝！因為我知道，停下來喝水、移開視線、整理領帶，或任何讓自己暫時分心的動作，都只會讓情況更糟糕。所以我繼續說話，接著唸講稿，保持微笑，直到焦慮感自行消退。這磨人的過程，我猜最多不超過兩分鐘，等放鬆下來，便讓自己喝了點水，算是獎賞剛才的小成功。

那晚在回家途中，我試圖釐清狀況。我想著：「大衛，為什麼你可以在學術同僚的大型會議上演講，面對令人景仰的傑出神經病學專家都沒問題，卻在面對高中生的時候感到焦慮？」我發現，面對著名學者，我不僅準備更充足，也更加嚴陣以待，若感到不自在，也知道是預期之中的緊張。但是，當我在一群高中生面前覺得不自在，卻完全是意料之外的緊張，是這一點在當時嚇壞了我。當時的焦慮之所以快速增加，是因為我下意識開始把焦慮想成災難。我之所以能夠脫離，是因為有意識的打斷當時的想法，所以不到一分鐘，緊張反應就消失了。

我必須臣服於一個事實：雖然我曾教導眾多病患將焦慮視為資產，我自己仍不可避免被焦慮突襲！拯救我的解方就是：不過度反應，不責怪自己，並設法遵循我給他人的建議。

接受自己

就如接受焦慮一樣重要，我們也需要接受原本的自己，不因為感到焦慮就折磨自己。世上沒有完美的人，這是事實。每個人都有需要改變與進步的地方，若是沒有任何需要努力之處，生命還有什麼意思？自我感覺完美的人其實才有大麻煩！他們或者對自己的問題無知無覺，或者不願意承認或處理，此二者不知何者更糟。不過，你可知道筆者所見過最困難的案例都是最富有、最成功、顏值最高的人。人生「完美」者，產生情緒與行為問題的風險也最高，當無可避免終將意識到自己並不完美時，便無法接受事實，此時唯一的方向只有沉淪。

完美家族

麥蒂森似乎擁有一切，她首次來看診時只有十幾歲，出身富豪家族，居住在俯瞰中央公園的多樓層公寓，父母是數個紐約與新英格蘭機構的董事，家族名聲響亮。麥蒂森是經典美女，兄弟姊妹的顏值與成就一個勝似一個，稱她是美國皇室成員亦不為過，但她同時也是我見過自殺念頭最重的患者。

麥蒂森極度自我嫌惡，只要聽到一丁點稱讚或正面評語，就趕緊轉移話題。她如此自輕自賤，背後的祕密令人心碎，她曾多年被自己的手足性侵，認為自己殘破不堪，是家族的羞恥。尤有甚者，當她終能鼓起勇氣把事情告訴父母，卻只被告誡不可透露給任何人，以免令家族蒙羞。所以在原本的痛苦之上，她還必須壓抑心中創傷，以及對加害者的憤怒。父母的告誡使得她的負面情緒嚴重加劇，腦中無法控制的日日浮現被淩辱的畫面，她驚駭不已、惶惶惑惑，常處於極度警戒的緊繃狀態，最糟糕的是她因為無法自制而憎恨自己。

麥蒂森的自我批判逐日惡化，也因為太警戒與緊繃而失眠，然後又責備自己失眠。她因為長期睡眠不足而感到處於瘋狂邊緣，卻只是更加責怪自己，甚至傷害自己。因為情緒失調、睡眠不足、內化的憤怒，她在學校上課時，有時會突然不自主的身體扭曲、肢體抽動，更因此厭惡自己的身體。每當她感到情緒與身體都在崩潰邊緣，卻必須裝做正常，這樣的壓力使得她又更嚴重焦慮。

家庭背景使得麥蒂森的自我要求很高，她覺得自己必須有能力處理任何事情，面對自己的種種症狀，她唯一的因應方式就是壓抑情緒，一段時間之後終於再也無法負荷，生出強烈的自殺念頭。她吞了原本足以致命的兩瓶藥，昏睡在浴室地板上，被父母發現。插管兩週之後，她被送到醫院來，開始跟我合作。此時，她的父母不得不公開承認問題的存在，但麥蒂森仍須學習接受自己，她的道路依然無比漫長。

自我疼惜

我們已經知道，若要進入正向漩渦，必須換個方式看待焦慮，必須知道焦慮沒有危險性，而且人類有天生的資源與生理機制足以因應焦慮。我們先前也討論過，相對於「壓抑」焦慮，更好的辦法是「接受」焦慮，此外，接受自己、接受自己的局限與掙扎，才能有健康的情緒。不過，能夠理解本章的概念、以不同視角看待焦慮與自己之後，更需要從行為上做改變，才能真正糾正你的負面自我評價，並真正採納更正向的做法。為了做到真正的轉變，你必須實際每日定時執行自我疼惜。

自我疼惜就是對自己寬厚仁慈，就算你認為自己不值得，也要這麼做。你必須體諒、接受自己，尤其是在你受苦、失敗，或是認為自己不夠好的時候。除了對自己少一些批判與究責之外，還需要練習對自己好。這對於處理焦慮症的效益在心理學文獻中已經有完整的紀錄。能夠自我疼惜的人在遇到壓力的時候更具韌性、較不至於孤單或自覺孤單，也因此較少產生憂鬱症與焦慮症等心理健康問題。[7] 如今也有更多研究資料支持「自我疼惜」與「心理健康」的正向關係。[8]

所以，學習自我疼惜就是把焦慮轉化為資產的一個關鍵因素。你需要更照顧自己，對自己更寬厚，不要批判自己，好似全世界只有你有問題。只要是人，都可能遇到困境，而且常是長期困境，包含工作、戀愛等人生面向。你若有這些問題，只代表你是正常人。無論你為何而苦，請自問：**全世界八十億人口之中，有多少人正經歷同樣的困難？**當你從全人類的視野看自己的問題，便能知道問題多麼普遍，也知道自己值得被認可與支持。

練習自我疼惜最困難的時候，就是你認為自己不值得的時候。此時尤其要疼惜自己。某天晚上我參加餐會，席間一位同僚的演講原本進行得很順利，但他談到某位病患時，所透露的資訊讓不少聽眾立刻發現了病患身分。他隨即意識到錯誤並試圖挽救，但為時已晚。他還是完成了演講，大家也禮貌的鼓掌，但他回座的時候，我能看出他十分氣餒。

當時正在上甜點，所以我拿了一球冰淇淋，走到他身邊拍拍他的背，說：「我們都會不小心說出讓自己後悔的話，我就曾經這樣，你今天的演講還是很精采的。我們一起享受冰淇淋吧！」他的眼神像是說我腦子不正常，但我只是開始吃冰淇淋，然後用手肘碰碰他，請他跟我一起吃，他有點不情願的照做了，等我們吃完的時候，他臉上是苦笑的神情。

他幾天之後跟我說：「我當時覺得快被冰淇淋嗆死了！我覺得自己沒資格享受冰淇淋，很想快點離開現場，回家好好自厭一番，不過，現在我已經覺得好過一點了。」

很多人無法自我疼惜，是擔心演變成自鳴得意。他們認為（或害怕）在犯錯的時候給自己留太多餘地，會養成壞習慣，因而步入歧途。其實正相反，就社會整體而言也是如此，例如美國政府就提供五百億美元援助國際間的經濟與軍事需求，還有某些社福政策，例如《不讓任何孩子落後法案》就保障無論貧富的每個孩子接受基礎教育。這些政策不僅是基於美國價值，同時也具有戰略利益。在國內外濟弱扶傾的做法，實有助於刺激成長，為所有人創造機會。

然而，我們經常不似施善於他人那樣善待自己，常對自己說：「沒有付出，就沒有資格收穫，所以我不允許自己不勞而獲。」你若細想就知道，自我感覺惡劣之時，正是你應善待自己之時，甚至可以說這是唯一應該練習自我疼惜的時候。如果只在自己成功、勝利、認為自己值得嘉獎的時候，才開始照顧自己或給自己獎勵，這根本不是自我疼惜。

你的自我疼惜程度有多高？

管理學有一句名言：無法量化的事物就無法加以改變。所幸在自我疼惜的科學研究逐漸興起之際，心理測量工具也同時出現，可供量化自我疼惜。其中相當著名的工具就是「自我疼惜量表」（Self-Compassion Scale），大致摘要如下頁。[9]每個狀況描述的平均分數是3分，1到2分代表「低度」自我疼惜，4到5分代表「高度」自我疼惜。

無論你目前分數多高，都能透過練習提高自我疼惜程度，以下是幾個做法：

沒資格休息的時候也要休息。無關乎你是否有資格休息，只要你需要，就休息一下，因為你是人，人都需要休息。練習這麼做，就能幫助你提升自我接受的程度，這是建立正向循環的步驟。

幫自己實現一個心願。擬一份清單，列出你的需求，或是你喜歡的事，然後每天做一項，尤其是你把事情搞砸，或是覺得自己沒資格的時候。

以愛與耐心包容自己。用一分鐘的時間做這個練習，前三十秒想著你搞砸的事或後悔出口的話，在心中想像那些場景，深度思考你確切做錯的地方，然後，再以三十秒的時間說些安慰自己的話，最好能說出口，或至少在心中默唸。就像在安慰犯了相同錯誤的朋友一樣，說些鼓勵自己的正面言語——**不偏頗、公平公正，而且慈悲的言語**。

遇到困境時，我會如何對待自己

仔細閱讀以下描述 並為你平常的行為評分	非常 同意 5	4	3	2	非常 不同意 1
1. 我會試著諒解與容忍個性中不被自己喜歡的部分					
2. 每當難過的事發生，我會試著以不偏頗的角度看待當下情況					
3. 我會試著把自己的失敗看成只要是人都會有的狀況					
4. 當我經歷非常艱困的狀況，我會給自己需要的照顧與溫柔對待					
5. 事情讓我不開心時，我會試著讓自己保持情緒穩定					
6. 覺得自己不夠好時，我會試著提醒自己大多數人都有這種感覺					

注意對自己的用語！

我們跟自己說話的時候，無論是在內心自語或宣之於口，所選擇的用字遣詞都具有代表意義，亦能產生實際影響。善待自己並不代表不負責任，而是在陷入困苦、失敗的時候，也能對自己仁慈、關愛、溫暖、寬厚。

現代人經常責罵自己，好似自己真有那樣惡劣、討嫌、愚蠢，或以上皆是。即便沒有罵自己髒話，內心想法或獨白也多半帶有惡意，如果是出自於老闆、伴侶、同僚之口，我們必定深感被冒犯，可能生氣或覺得受傷，但自己卻慣常用負面語言貶低自己。

多數人自我批判的立意良善，是為了鞭策自己進步，要求自己誠實、負責，但自責無助於改善焦慮，事實上，在壓力與恐懼生成之初，正是「自責」將你推入焦慮漩渦。因為焦慮而自責，就好似毆打一個倒地的人，目的卻是要他站起來。

請注意，**對自己使用負面語言，經常造成焦慮漩渦失控**。焦慮之際必須更小心處理自我感覺與自我對話，讓焦慮漩渦緩和下來，必須有意識的看清自己是如何解讀焦慮起因，必須避免自我貶抑，因為負面語言只會更加降低自我評價。不斷自揭瘡疤將使得焦慮繼續存在與惡化，終生無法脫離。

我們又該如何在自我疼惜的同時也不推卸責任呢？首先，在犯錯之後先等待一兩日，給自己時間冷靜下來，不在事發當下責怪自己。你可以用手機設定或在日曆上做記號，提醒自己在事發之後四十八小時再跟自己對話。

接下來，等你準備好了，就跟自己討論一下事發經過。你可以去散步半小時到一小時，挪出適量的時間好好想想事發經過，在內心跟自己對話，討論當時的問題。你向他人究責時，必會挪出適當時間，向對方解釋你的憂慮所在，也允許對方表達看法。你應該以同樣的方式與自己對話。

此外，自我對話應該先聚焦於事實，只單純描述事情經過，不使用負面、批判、攻擊性的用語，只做單純敘述。

釐清事實後，自我對話可以朝幾個方向發展，可以試著釐清當時為何出錯，也可以試著確認未來該做什麼改變，但無論如何都必須對自己仁慈寬厚一些，你的心理健康就取決於這一點。

法則2：進入正向漩渦

若是陷入焦慮漩渦，腎上腺素開始分泌，導致災難化與自我批判，焦慮便會加劇，演變到失控的地步。相反的，若在戰或逃反應（無論來自實際或誤判的威脅）啟動之初，就接受焦慮、自我疼惜，便有機會進入正向漩渦。只要選擇走這條路，就能化焦慮為力量、接受自己，焦慮便成為自我成長的助力。以下是幾個具體步驟，讓你在剛開始感到焦慮時依循，以進入正向漩渦。

第一步

你必須記得，戰或逃反應（交感神經系統）有一個強度相同、方向相反的反作用力，也就是休息與消化反應（副交感神經系統）。只要**等待時間過去**、腎上腺素消退，乙醯膽鹼透過神經系統開始作用，焦慮感就會減緩。

第二步

不要跟焦慮抗戰！不要壓抑、圍堵，或試圖降低焦慮感，而是接受焦慮，讓焦慮走完它的過程，接受焦慮的洗禮，允許自己感受焦慮，不試圖改變它。無論當下多麼難受，只觀察自己的感受，等待這些感覺消失。（是的！終將消失。）藉機坦然接受人生在世之苦，把焦慮轉化為力量。

第三步

接受自己。不要因為焦慮就批判自己。焦慮是所有人身上都有的正常反應。此外，每個人都有焦慮的來源，可能是過往事件，或是當下的壓力因子，或是其他因素。不要苛責或批判自己，學著接受自己原本的模樣，利用焦慮來壯大自己。

第四步

練習自我疼惜。這不代表你會變得自滿或懶惰，正相反，當你陷入困苦，應該允許自己休息一下，或幫自己一個忙，就如你在朋友有難之際伸出援手一樣。切記！在你覺得自己不值得被仁慈對待的時候，反而更應該練習自我疼惜！也能藉機讓自己成為更具同理心的人。

第3章 超越自我

焦慮是契機，讓你超越自己的極限、壯大內在力量

到目前為止，我們已經討論了焦慮可以幫助你更了解自己。例如，壓力的產生表示身體想提醒你注意是否失衡。我們也已經知道焦慮可以幫助你接受自己、疼惜自己，若是從不曾焦慮，反而沒機會做到這些。我們還知道如何避免陷入焦慮漩渦：接受焦慮的存在，不成為災難想像的俘虜，不自我批判，並練習自我疼惜。不過，只應用第一、二章的策略，尚無法將焦慮轉化為自我成長的力量，甚至可能繼續受困。筆者之所以這麼說，因為本書到目前為止，尚未談及如何直面焦慮，所以焦慮依然可能比我們強大。

就許多方面來說，處理焦慮就像面對校園霸凌，霸凌者跟你要錢，你若敢不從就要挨

揍。除非你勇敢面對霸凌者，否則就沒錢吃飯了。你若是跟對方說：「我不在乎你要怎樣，我就是不給你錢。」之後的遭遇或許令人害怕，但霸凌者最終便會轉向更容易得逞的霸凌對象。同樣的，你若能直面焦慮，直視內心最深、最黑暗的恐懼，就能發現自己的內在其實儲備著充沛的力量，足以克服心魔，若能召喚這些力量，就能超越焦慮，得到更多勇氣、自信、力量，因而不再逃避，而是面對逆境、成功克服恐懼，並因此感到快樂。

暴露療法（Exposure Therapy）

筆者接受訓練與執業的初期，有幸在波士頓大學巴爾羅教授主持的焦慮病症中心擔任四個月的客座學者。巴爾羅教授治療焦慮的方法植基於認知行為療法的一個分支，稱為「暴露療法」。我與巴爾羅教授本人共事時間並不長，在該中心所學卻對我產生深遠影響。

我見證暴露療法對焦慮症患者具有莫大效益。焦慮的形式繁多，某些案例可能需要搭配其他療法，但我深信暴露療法是必要且有效的一環，它在專業領域被列為「第一線治療」，是醫師治療許多形式的焦慮時，最常採用的初步治療。

在我結束客座研究之後，為了繼續了解暴露療法，便跟隨巴爾羅教授的弟子安東尼教授做研究，在加拿大安大略省漢米爾頓市的焦慮治療與研究診所待了一年半。安東尼醫師曾撰寫多本暴露療法應用的重要著作，探討焦慮的各個層面與類型，他是我的臨床視導醫師，我從他與同僚身上所學，大幅拓展了我對暴露療法的知識。

我認為暴露療法的原理簡單明瞭。若欲克服內心最深的焦慮，包含恐慌、特定恐懼症（如搭乘飛機或電梯、看到蜘蛛），或社交焦慮等等，必須先能生出勇氣直接面對這些狀況，直到不再因而產生焦慮反應。安東尼醫師在著作中曾提到：

過去的經驗或許告訴你，面對令你恐懼的狀況會讓人難過，而逃避令你恐懼的狀況就能感到輕鬆。然而，愈是逃避這些讓你焦慮的狀況、物件、情緒，愈是能確保恐懼將長期持續困擾你。事實上，在恐懼之下依然堅持面對，反而有機會讓恐懼逐漸減少。雖然可能需要長久的堅持，才能逐漸感覺到恐懼遞減，但長此以往必能產生更大的效益。當你能堅持到恐懼開始下降的時刻，就會發現自己其實有能力去面對，同時也不至於感到痛苦。[1]

這正是我採用暴露療法的主要原因。直面恐懼、不逃避，才能在焦慮令人感到極度憂慮、惶惑不知所從時，依然能生出力量、從容以對。**暴露療法的效益在於逐漸建立你對焦**

慮的容忍度。首先自須始於跬步，繼而漸次邁開步伐。你若害怕駕車，第一步可以在空蕩的停車場啟動汽車引擎就好，隨著時間進展，再到小巷子練習基本駕駛動作，之後在離峰時段上馬路，接著改為尖峰時段，再來是流量小的高速公路，然後是忙碌的高速公路，最終在天候不佳的車陣中行駛。

該如何知道對某個患者來說，哪些情況造成的恐懼比較多，或比較少？很簡單，直接詢問患者。我們引導患者具體打分數，從0到10分評估焦慮值，0分是完全平靜，10分是此生最嚴重的焦慮。1到3分表示焦慮值相對較低，4到6分是中度焦慮，7到9分則是高度焦慮。經驗法則告訴我，對暴露療法的療程產生7到9分焦慮感的患者，通常也能產生最佳療效。沒錯，這表示他們在接受治療的過程中感到非常痛苦！雖然如此，沒有一個患者表示後悔接受此療程。

必須說明的是，施行暴露療法的臨床醫師都遵循一項指示：絕不讓患者做任何有客觀危險的動作。筆者診所的一貫政策是不要求患者做任何臨床醫師自己不願做的事，儘管如此，我談到暴露療法時，常被問兩個問題：教導患者透過靜思冥想與深呼吸來達到放鬆的效果，不是比較容易嗎？更直搗核心的問題是，要求患者忍受精神上的痛苦，難道不會太殘忍嗎？例如讓童年受虐的患者再次憶起過往傷痛。

殘忍的目的是仁慈

過去四十年的研究結果顯示，暴露療法對焦慮症有顯著與持久的治療效益，儘管如此成功，卻仍未完全進入精神療法的主流。[2]其中一個重要因素可以從二十年前《紐約時報》一篇關於巴爾羅教授的報導看出，文章標題是「最殘忍的痊癒方式」，內容總結了當時的分歧意見：「他的治療方式可能是精神療法的終極高速途徑，其具有完整文獻的治療結果也獲得許多臨床醫師的讚譽，但仍有許多醫師抱持較負面的觀點，某位醫師甚至形容這無異於凌虐。」[3]

我認為此觀點既不公平，也不精確。直面內心恐懼確實令人難受，但對我來說，臨床醫師對患者懷有的最大仁慈，就是相信他們的能力。我甚至認為，不敦促患者面對內心恐懼，等於是拿他們當孩子看待，認為他們沒有能力處理事情。暴露療法讓「恐懼」與「特定狀況」之間的聯想脫鉤，藉此讓患者超越內心恐懼。我們傳達給患者的訊息很清楚：「你有能力面對恐懼並容忍焦慮的存在。」完成暴露療法的人不僅能以更正向的角度預判狀況，也更能在焦慮與恐懼之下依然從容自在。[4]

至於在病患因焦慮而苦的時候教導他們放鬆技巧，是不是比較簡單？這是認知行為療法研究人員多年以來的辯論題目。喬瑟夫・沃爾普（Joseph Wolpe）教授是此領域的重要人物，巴爾羅教授曾師從於他。沃爾普開發出一套令人感到平靜的肌肉放鬆技巧，將之運用於暴露療法，也就是在病患直面恐懼的療程中運用。不過，當時有數個研究指出，任何放鬆技巧，包含令人舒緩的圖片、經文、冥想，不僅效果有限，甚至可能損及暴露療法的作用。

在一項具有指標性的研究中，七十七位接受暴露療法的恐慌症病患隨機分成兩組，分別搭配或不搭配放鬆技法，結果指出搭配放鬆法的一組呈現較差的治療結果。[5]近期一篇報告統合分析七十二項研究、共計四千零六十四位焦慮症患者的數據，顯示暴露療法是效益最高的臨床手段，而肌肉放鬆法則與「明顯偏低的治療效益」呈現正相關。[6]

基於我自己的臨床經驗，我相信用放鬆技法治療焦慮症只有反效果。**多數人其實都低估自己處理焦慮的能力！**你必須實際面對恐懼，才可以發現自己其實有能力。為了說明暴露療法，我們先理解人腦如何處理與儲存引發焦慮的想法與事件。

暴露療法的神經生物學

我先是弄懂了巴爾羅教授療法的神經生物學基礎，才真正信服療法的效益。人腦有處理抽象思考與一般計畫的前額葉皮質，以及包含杏仁核與海馬迴的中腦。杏仁核是體積不大、杏仁形狀的結構，在戰或逃反應被啟動的時候上線運作，在杏仁核旁邊的是海馬迴，是一對狀似海馬的彎曲狀結構，命名來自希臘文的「海馬」。海馬迴的功能包含對短期記憶進行編碼，使之成為長期記憶，而心理與情緒聯想就是取決於這個重要步驟。

每當惱人的情緒或事件刺激杏仁核，海馬迴就共同運作，將這個經驗寫入記憶深處，這就是為什麼許多人可以清楚回憶紐約雙子星大廈倒塌時，他們身在何處。當時的強烈情緒啟動了海馬迴的作用，將那天早上的情形烙印在腦中。相較之下，多數人並不記得九一一事件前一日或隔日做了什麼。這兩天的情形沒有特別被編入記憶深處，是因為當時沒有太多情緒產生。經歷正面事件也有同樣的記憶過程，例如初吻、體育比賽得名，或是取得重大學術成就。回憶被寫得多深，取決於杏仁核與海馬迴被刺激的程度多高。

所以從技術上來說，恐懼症並不單純來自於不好的經驗，而是因為同時存在的強烈情緒。舉例而言，你在「搭乘飛機」與「某次特別可怕的航班」（甚至只是你讀到的墜機報導）之間產生聯想，表示你先前的經驗被編入腦中成為回憶的當下，你正產生非常強烈的情緒。所以飛行恐懼症的形成也可能是因為你正感到無比開心、幸福、亢奮的時候，剛好讀到一篇關於墜機事件的報導。

有趣的是，虛構的故事也可能啟動這種聯想。史蒂芬史匹柏的票房片「大白鯊」在一九七五年上映後，人們對鯊魚的恐懼突然大幅升高。在此之前，一般人對鯊魚並不在意，更遑論害怕。歷史學家法蘭西斯（Beryl Francis）曾寫道，這部電影「造成觀眾前所未有的亢奮與驚嚇。」[7]「鯊魚埋伏殺人的景象被烙印在全球泳者心中，所引發的恐懼被媒體炒作。」時至今日，「眾人意識中依然以為鯊魚是跟蹤泳者的殺手。」[8]二〇一五年一項調查結果指出五一％的美國人表示「極度害怕」鯊魚，三八％表示因為海裡有鯊魚而不敢下海游泳。事實上，全球每年僅有少於一百例的鯊魚攻擊人事件。[9]

我應用暴露療法多年，理解到它之所以如此有效，就是以恐懼之矛，攻恐懼之盾。患者直面恐懼，經歷陡然升高的強烈情緒，杏仁核與海馬迴上線運作，皮質編寫一個新的記憶，其中不包含恐懼反應。暴露療法可以喚出強烈情緒反應，正是療法有效的原因，或許同時也解釋了放鬆技巧為何會抵消療效。在暴露期間降低情緒反應強度，杏仁核與海馬迴就不會被強力啟動，因此便無法將克服恐懼的新記憶烙印到腦海深處。

另一位暴露療法先驅，是曾與巴爾羅醫師合作過的艾德娜・佛瓦（Edna Foa）教授，她將前述的神經生物過程稱為「情緒處理歷程」，她認為「透過這個歷程，精確的資訊被納入恐懼結構，並修改了結構中的病理元素。」[10]

另一個暴露療法的經驗法則，就是事件的情緒力度可以決定記憶成形的程度。我們刻意啟動恐懼反應，藉此提高情緒參與度，就是學著給自己打預防針，以應對未來的認知威脅。**你勇敢的啟動恐懼反應，而非看到恐懼就逃跑，便能催化後續的改變與成長**。因此，我不認為暴露療法帶來的改變是「痊癒」。這並非只是治好疾病，而是更好的結果：你把恐懼變成力量，變成上天給你的禮物。這不表示接受暴露療法的人永遠不再恐懼，但只要能直面恐懼，就能超越內心的焦慮，將它化為力量，幫助你因應未來仍會出現的恐懼。等恐懼再度出現，你已經有更強的韌性去克服它。

一天之內克服恐懼症

我曾治療一位患者達蓮娜，她小時候家中躲藏了一窩蜘蛛，她哥哥多次被嚴重螫傷，某次甚至必須就醫。她年紀尚小就目睹這些，被嚇壞了，記憶中也對蜘蛛有極深的恐懼，後來即便看到再小的蜘蛛，她都驚懼不已。但只是跟治療師談談這個記憶連結，並無法解除她的恐懼。雖然對自己的恐懼有意識，但達蓮娜的世界還是愈來愈限縮，到診所來找我的時候，她的恐懼症已經嚴重到每晚必須把寢具都甩一甩，確認沒有蜘蛛躲藏，若是看到任何像是蜘蛛的影像，即便只是一點小陰影，她就沒法睡覺了。她當然也絕對不進任何樹林，深恐蜘蛛會從樹上掉到她的肩膀。

達蓮娜的療程從一早就開始，我請她看靜態的蜘蛛照片，她起初畏縮著閉上眼睛，但我鼓勵她凝視照片，經過數小時練習，她的焦慮感消退許多，足以跟我一起前往美國自然歷史博物館看蜘蛛展。館內陳展方式令人感到身歷其境，有放大到人類尺寸的蜘蛛、蜘網、蛛巢的照片，玻璃櫃裡有活生生的珍奇蜘蛛。達蓮娜臉色蒼白，一度無法動彈，有時甚至必須坐下來喘口氣。我幾乎能看見她的海馬迴在中腦強力運轉，將她現在並無真實危險的認知深深烙印成新的記憶。這過程大約三到四小時，最終達蓮娜自在許多，可以遊走於展場，有幾次我甚至看到她凝視蜘蛛的表情不再痛苦，而是好奇。

於是我們稍事休息，享用誤點的午餐當做獎勵，接著，我認為已經是更上層樓的時候了，就介紹一個朋友給達蓮娜。麥克是「牧蜘蛛人」（沒錯，真有這個職業存在），他帶了狼蛛與其他數種蜘蛛到診所，跟達蓮娜說明狼蛛很少咬人，除非有自衛的需求，例如被人制壓。我們先說好絕對不造成狼蛛出現自衛反應，就開始觀看蜘蛛，最終上手把玩。從拇指大小的蜘蛛開始，逐漸進步到直徑約六英寸、帶毛的大型品種。當天的最高潮是療程結束之前，達蓮娜擺姿勢拍照，她的肩上站著一隻毛茸茸的狼蛛。僅僅一日之內，她就克服了恐懼症，如今幾年過去，她也不曾復發。

暴露療法的作用如何？達蓮娜必定說：一點也不好玩！她數度覺得就要嘔吐，我記得一度真的聽到她發出作嘔的聲響。她也表示，在診所接受暴露療法當下，她的焦慮程度甚至高於先前眼見哥哥幾近喪命之時！這正是關鍵臨床因素。為了在皮質寫入新的蜘蛛記憶，刺激杏仁核與海馬迴的程度必須等於或高於編寫初始記憶之際。所以，在暴露療法的過程中，中腦因為經歷強烈情緒而「加熱」，加熱程度愈高，新記憶烙印就更深。這個過程可以將焦慮從病症轉化為資產，患者在療程中的焦慮感愈高，效果通常也愈好！

其他恐懼症

對特定事物的恐懼症具有高度獨特性，也因此能夠特別快速克服。其他多數焦慮相關病症，例如社交焦慮、恐慌症、強迫症、廣泛性焦慮症，則需要較長時間才能克服，但前述原則同樣適用於所有形式的焦慮症。

暴露在恐懼起因之下，可以有效解開患者的恐懼枷鎖，同樣的治療方式用於焦慮症，也能重新改寫患者對焦慮起因的觀點。

以大致相同的方式，如同打預防針一般，讓人對焦慮起因免疫，壓力反應也會逐漸減輕。暴露療法旨在協助患者進步到能對自己說：我不在乎是否覺得焦慮！我無論如何要完成眼前的事。就算焦慮令我難受，我也不允許恐懼阻礙我。我是個戰士！即便眼前是一片沼澤，我也要繼續行軍！

針對不同形式的焦慮症，暴露療法的施作方式各異，下頁圖表是最主要的四種類型。至於哪種方式最適合哪位病患，端看病患的焦慮症或恐懼症是哪一種。某些案例可能需要合併運用多種暴露法。

實體暴露的限制在於某些境況無法實際複製，或具有真實危險性。患者可能無法負擔

暴露類型	治療方法舉例
實體暴露	陪伴患者搭飛機、在診療時間帶入蜘蛛或蛇
想像暴露	試想包含一切細節的可怕場景、口述創傷事件
內在感受暴露	刻意限制呼吸、原地跑步、提高所在場所的溫度
虛擬實境暴露	運用電子裝備（參見內文）

多次請治療師同行搭飛機，居住鄉間的患者可能無法就近找到高樓大廈，還有，我們當然無法把退伍軍人送回戰場，只為了讓他們面對心中的惡魔。

虛擬實境的發明因此猶如天賜的禮物，近幾年，虛擬實境暴露療法已經逐漸被科學界所接受，而且虛擬實境裝置也逐漸容易取得並相對便宜。現今已有幾種虛擬實境暴露療法套組，包含治療士兵戰後創傷症候群的高壓場景。

數年前在安東尼醫師的診所，我運用此法治療飛行恐懼，患者頭戴三百六十度視野的完全沉浸式頭罩，甚至可以模擬患者張望窗外景象，感覺就如真的搭飛機。我們也用重低音喇叭逼真模擬噴射機的轟隆引擎聲，此外還有飛機通過亂流的感覺。透過電腦螢幕，我可以設定各種駭人場景，例如閃電、雷鳴，與此同時透過耳機繼續與患者溝通。此類應用在目前的接受度已較高，但安東尼醫師在二〇一二年曾寫道：

以虛擬實境治療社交焦慮並非容易取得的自助療法，不過，全球許多診所都提供由專業人員施作的虛擬實境治療……隨著虛擬實境更易取得，也可以期待此類技術的創新應用，可治療社交焦慮等病症。[11]

逃避：從不曾奏效的策略

暴露療法（直面恐懼）的相反就是逃避，類似於戰或逃反應中的「逃」。逃避的種類很多，我從臨床經驗中得知，人類逃避痛苦的方法極其有創意，若是痛苦中還隱藏著恐懼，損及自我人設，就更令人退避三舍。而焦慮又特別令人痛苦，逃避焦慮的方法成千上萬，有時我們甚至不知道自己正在逃避。

焦慮的認知行為模式

選擇逃避的主要問題是，你將繼續維持「想法」與「焦慮」之間的聯想。就如認知療法之父貝克在第二章所說，感覺的形成有兩個步驟：事件發生、你對事件產生想法。其中是第二個步驟（不是事件本身）決定了你的感覺。

你要如何改變你的想法呢？最有效的方式就是改變你的行為。行為可以改變想法，然後再影響你的感覺。這聽來與直覺相牴觸，一般人通常以為是想法或感覺影響行為，其實正相反。你若執行正面的

認知行為模式

認知模式（p.78）後來拓展到包含「行為」，並重新命名為「認知行為模式」，指出行為對想法具有影響，從而能影響感覺。所以，恐懼下的行為可能導致你從焦慮的角度看事情，並因此感到焦慮。

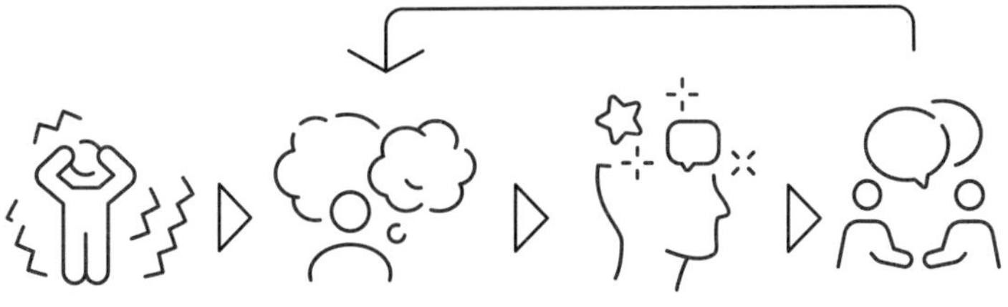

事件
狀況發生

想法
解讀事件

情緒
想法產生後
才導致感覺

行為
受情緒影響
而產生舉動

動作，就能引導你正向看待事物，之後也較能重複這個正向舉動。簡言之，**情緒可以隨著行為改變而改變**。

有時只是個小動作就能改變你的感覺。例如，在某項著名的社交心理研究中，兩組受測者觀賞卡通，為卡通的有趣程度打分。控制組只是看卡通，第二組則被告知要咬著筆，並在看卡通的同時刻意在臉上擺著笑容，結果他們給的分數高於控制組。[12]

這個道理也能運用於日常生活。你參加會議，因為不敢與人四目交接，就看著地板，因此不容易被點名發表意見，雖然當下比較不焦慮，但你若繼續像這樣逃避，就沒機會學習勇敢面對工作，也就會一直焦慮下去。逃避的動作將繼續維持恐懼與焦慮之間的聯想。相反的，你若坐直身子，直視他人眼睛，展露自信的感覺（即便內心自覺渺小），就能改變自己的想法，也更能取得專業上的成長，因此又更加自信。

有什麼大不了？

你可能會問：**因為不喜歡焦慮就逃避某些事物，那又如何？真有什麼大不了嗎？**

逃避的問題在於：若持續「逃離」令人不適或焦慮的狀況，就永遠無法取得新的訊息來改變想法，因此，相同狀況只要再出現，就永遠會引發相同的焦慮。還記得第一章的焦慮駕駛人約翰嗎？我向他說明，恐慌發作只會讓他更警醒，會更加安全的駕駛車輛，他聞言便決定挑戰自己、繼續開車。起初挑戰性極高，隨著時間過去，他逐漸進步，最終克服了恐懼。

同樣的，社交焦慮者或是個性害羞的人若決定開口說話、大膽打扮、找人閒聊，通常也會驚喜的發現根本沒人知道自己正在焦慮。事實上，社交焦慮者一旦開始克服焦慮，經常更能得到他人尊重。因為向來寡言，一旦開口便更受重視。一味逃避只會強化內心的恐懼，也沒機會得到上述的新體驗。

我們必須了解，面對令人焦慮的事物與經驗，人類的感受經常錯亂，導致不該有的焦慮。大多數引發焦慮的事物或許永遠都不會成真，飛行恐懼症患者都害怕墜機喪命，但一般美國人每年死於墜機事件的機率只有一百一十萬分之一，車禍反而是五千分之一。[13]所以，搭機恐懼並非來自於實際致死率。逃避只會強化這種誤植的焦慮，使之成為個性的一部分。若能直面恐懼，勇於跨越舒適圈，就有機會重新編寫腦中的想法，最終克服恐懼。

再次強調，逃避的主要缺點就是：**它反而維持了想法和恐懼之間的聯想**。除非你能面對恐懼，否則便沒有機會發現你害怕的結果其實幾乎不會發生。單是從理智上了解這一點還不夠，若要生出力量去切斷這個聯想，必須大膽直搗內心深處，為此，你必須直面恐懼。

逃避有三個主要形式：行為、認知，以及藥物。讓我們來討論一下。

行為逃避

「行為逃避」是以外在、可見的行動去防止焦慮發生，或是在焦慮剛開始令人不適的當下就阻斷它。例如你害怕公開演講，那麼需要上台說話的課，你可能就會退掉它。又例如達蓮娜不僅躲避蜘蛛，也躲避任何可能看到蜘蛛的狀況。

對財務狀況感到焦慮的人可能不想檢查帳簿是否收支平衡、不想看信用卡帳單，甚至不願結清帳單。有恐慌症的人會逃避某些地點或活動，包含做運動，甚至是做愛，因為可能導致血壓升高，產生類似恐慌發作的感覺。社交焦慮者可能逃避在課堂上舉手發言，不敢邀心儀對象約會，或不想拍照放在社群媒體，以免引人注意，甚至不逛街買衣服，因為不想跟店員互動。同樣的，強迫症患者害怕被感染，所以不搭大眾運輸工具，以免與人近距離接觸，甚至可能不再碰觸自己的電話，若必須搭乘大眾運輸工具，也會在事後幫自己消毒。（我的一位病患每次外出回家都在門口脫到只剩內褲。）

上述逃避行為都無法幫助你適應，除了造成原本的焦慮感持續存在，甚至讓狀況更加惡化。愈是逃避社交場合，就愈不能了解社交生態演變，因此更無法適應社交環境。愈是逃避財務問題，生活現實就愈可能逼迫你面對更多問題，例如信用卡刷不過，或是被斷電。因為治療牙齒的過程不舒服就害怕看牙醫，最後反而需要接受更難受的治療，例如原本只需補牙，卻惡化成根管治療！

馬克在一家新的網路公司擔任程式設計師，三十歲的他很害怕在公司發言，因此沒得到應得的重視。馬克非常苦惱，他常有很好的創意可以提升業務，卻從未在會議上表達。他眼見同事經常提出愚蠢的想法與行不通的錯誤建議，便私下跟幾個談得來的同事分享他的創意，最後被這些同事當成自己的想法提出來，並獲得肯定與升遷，於是馬克又更加不開心。他因為太過苦惱與沮喪，意識到必須接受治療。他走進診所的時候非常緊張，因為他知道自己必得面對恐懼了。

在我們合作的過程中，馬克逐漸更勇於表達，過去他只向友好同事傾訴，如今敢在主管面前闡述創意，雖然鼓起勇氣的過程很艱難，但是當主管拍拍他的背，稱讚他的好主意，他終於能感到心滿意足。經過幾個月的反覆努力，馬克也發現自己已經取得長足的進步。

交出控制權

一位多年好友有嚴重的懼高症，前來尋求我的專業協助。我告訴他，最好的辦法就是直面恐懼，我建議他找一棟可以合法進入的大廈、登上頂樓，然後從邊緣往外眺望。他說：「你瘋了嗎！我才不願意！我可能當場失禁，不知道自己會做出什麼事，說不定會跳樓！」

我知道他的生存意念很強，不會跳樓，也認為他不太可能失禁，因為他長大之後就不曾再失禁。我堅持的說：「你唯一的辦法就是放開恐懼，不要再跟它纏鬥，放手讓恐懼從你身上通過。你不可能完全控制你的感覺，這是事實，你只要知道這沒關係，你可以允許自己恐慌，同時繼續向前行。」

朋友斷然拒絕。

不過，一年後他捎來電郵，說他去灣區度假，被金門大橋吸引，回想起我們的對話，沒考慮太多就決定步行橫越大橋，並在途中從欄杆向下眺望。他全程發抖，所有的恐懼都威脅著他：失禁、衝動跳海等。即便他害怕的情境都沒發生，仍令他覺得這是此生做過最可怕的一件事。但是，走到終點時，他感到非常開心，因為他勇敢面對了恐懼。他說：「我真的很高興曾經有焦慮症，現在才能知道自己有能力克服恐懼。**我並不一定要掌控一切！**」

超越焦慮

芮貝卡二十二歲，患有強迫症，總是害怕得腦部動脈瘤，不知哪天就亡故了。雖無任何證據指出她有動脈瘤，這樣的恐懼卻揮之不去。她不斷試圖降低壓力，深以為即便只是一丁點焦慮，也可能導致血壓飆升、動脈瘤爆開，她就要死了。她的逃避行為愈來愈嚴重，也不再約會，她害怕若說出這種恐懼，男人都會認為她瘋了。後來除了到學校上班，她甚至不再出門。某天，她讀到一篇雜誌文章，說某人因為罹患動脈瘤而喪命，之後幾天她連出門上班都做不到，於是決定前來接受治療。

我們首先鼓勵芮貝卡練習自我疼惜，執行第二章討論的策略。我也請她去神經科做磁振造影檢查。檢查中唯一的發現，就是她沒有動脈瘤。她的神經系統非常健康，只是有強迫症。醫學檢查無誤之後，我告訴芮貝卡，下一步是閱覽動脈瘤患者死亡的文章和影片。

她直接說：「不可能！我才不要！」

我說：「決定權在你手上，但你就永遠無法擺脫恐懼和強迫症的困擾。」芮貝卡仍希望先採用其他策略，但一、兩週過去，她依然一樣焦慮，於是決定嘗試暴露療法。

我們請芮貝卡列一份清單，從低度到高度，列出她恐懼的情況。從聽到「動脈瘤」三個字開始，接著是情緒激動造成血壓升高，並導致動脈瘤而必須開刀，最後是她最深的恐懼：孤身一人、沒有手機或身分證、父母不知情，死後變成公共停屍間的無名屍。

清單完成之後，我們緩步進行治療，首先是練習說出「動脈瘤」三個字，起初她只要一開口就驚嚇不已，半小時後已經進步到可以反覆說，雖然伴隨相當程度的焦慮，但還在她的忍受範圍內。她試著接受並容許焦慮的情緒，同時不折磨自己，只是感受著焦慮，允許焦慮存在。從這裡開始，芮貝卡進步狀況十分良好。

幾週之內，我們已經可以詳細討論動脈瘤，甚至可以觀看動脈瘤的醫學圖示。接下來，我們開始閱讀動脈瘤病患死亡的報導，其中有非常年輕的患者，與芮貝卡年紀相仿，她受到相當程度的撼動，幾度渾身顫抖，迴避電腦螢幕，但我要求她跟我一起繼續看。

之後一週是更進階的治療，我們觀看動脈瘤手術影片。芮貝卡說這是她此生最艱難的一件事，但在九十分鐘內，她已能鎮靜下來繼續看影片，不讓焦慮擊敗她。這時我們開始治療其他逃避行為，在她的「畢業」療程中，我們請芮貝卡入住飯店，不刷信用卡、不帶手機，並且做十分鐘原地慢跑，與此同時，家人完全無法得知她是否死於動脈瘤。

我們處理完整個恐懼清單之後，芮貝卡的焦慮已經減輕，不再因焦慮而動彈不得，甚至脫胎換骨似的，比過往任何時期都更加堅強、能幹、自信。我跟她解釋，她做過更完整的檢查，所以罹患動脈瘤的機率已經比一般人低許多。我說：「每個人都必須帶著某種程度的不確定性活下去，我們能做的只有接受這個事實，繼續好好過日子。」

芮貝卡終於能從容接受焦慮的存在，也可以繼續約會，感情生活改善許多。我們在一兩年之內都以電郵保持聯繫，這時她找到對象結婚。婚禮過後，我們就不再聯繫，但三年之後，她寫電郵說焦慮又復發，想繼續來看診。

芮貝卡打電話跟我說：「我有好消息和壞消息，我懷孕了，但超音波檢查看到胎兒腦部有東西。」雖不是動脈瘤，但孩子出生之後必須動手術。

我說：「如果是我處在你的狀況，我都沒辦法像你聽起來這麼鎮靜。我覺得你甚至不焦慮，只是害怕，這是完全合理的反應。」

「我用盡了每一個你教我的方法。」芮貝卡說：「我知道我必須面對不確定性。」

「你做得好極了！」我說：「關於如何面對焦慮，其實應該是你給我上課了！」

孩子出生後，醫師施行關鍵手術，讓孩子活了下來，狀況已經比我們上次聯繫時更好。最重要的是，我非常驚喜芮貝卡如此鎮靜的接受狀況。她和我都意識到，若非她一開始就坦然接受焦慮，若非她已懂得如何直面恐懼，恐怕無法如此鎮靜的處理人生的新挑戰。

認知逃避：心不在焉

認知逃避是什麼意思？簡單說就是「人在心不在」，是一種自己跟自己玩的紙杯遊戲，就像騙徒用誤導手法，把三個紙杯移來移去，觀眾便弄不清豆子在哪個杯子裡，逃避者則是把感覺藏起來，不讓自己意識到感覺的存在。

三十多歲的安妮有懼高症，她特別害怕大廈電梯。安妮得到紐約一間大型公司的會計職務，這份夢想中的工作令她欣喜不已，唯一的問題是公司位於四十五樓。她在恐慌中打電話給我，說她得在一週內克服對電梯的恐懼。我告訴她必須面對恐懼，可以使用暴露療法做治療。我們一起前往曼哈頓時代廣場附近的萬豪馬奎斯酒店，酒店中庭寬闊，有玻璃電梯可以讓人清楚看到自己升到多高，完全是懼高症患者的惡夢。我們進入一具電梯，升高的同時，我建議她透過玻璃往下看。

幾次之後，安妮都沒有焦慮表徵。我感到困惑，然後注意到她的眼神有些呆滯，便問她在想什麼。「我想著除了電梯之外的任何東西，我躲在腦子裡，完全在別的地方。」

我說：「你這樣只是繼續逃避而已。」

安妮用思緒欺騙身體，造成暴露療法失效。她啟動前額葉皮質的抽象思考能力，因此杏仁核與海馬迴就無法被「加熱」，也無法編寫新的記憶。當你進入認知逃避的狀態，就無法產生足夠的力量，把你從過去的焦慮記憶中拉出來。你或許以為這是在保護自己，但認知逃避只會造成你無力改變。

我們偶爾都會不自覺的進入認知逃避，例如社交場合令人不自在，便只是低頭看手機、不與他人互動，又例如上 Netflix 追劇，藉此占據心思、排擠負面情緒。「人在心不在」是簡易的逃避方式，只要想著才吃過的大餐、想買的衣服，或是前晚看的球賽，就不必想著真正令人困頓的事。

解離的程度

運用心思逃避煩惱的能力若是太強，可能因此脫離現實。（並非思覺失調症之類的精神病，那不是焦慮症，病因也更複雜。）當情緒太強烈，我們轉移注意力的能力太強，便可能產生一種「解離」（dissociation）狀態，使心思離開了當下，常是參戰、車禍、童年受虐之後產生的症狀。我們讓情緒變鈍，感覺彷彿從自我脫離出來，這是人腦幫助自己鎮靜一段時間的方式，但症狀若持續三十天以上，就必須尋求專業協助。

狀況嚴重的解離可能演變成「現實感喪失」（derealization）。這有些難以解說，我所幸不曾親身體驗，根據患者描述，那像是做夢一般，覺得身邊的人事物都不是真的，是令人不安的詭異感受。

更嚴重的解離被稱為「自我感喪失」（depersonalization），患者暫時忘記自己是誰，失去對自己身分的感知，以為正從身體之外看著自己。極端案例可能記憶崩解，完全忘記自己過去是誰。這也很難以言語形容，但某些電影，例如希區考克的「迷魂記」就成功刻劃心思神遊的「定向障礙」（disorientation）狀態，其起因常是強大的壓力。

所幸多數患者都能成功克服各種程度的定向障礙。你若遭遇以上狀況，最重要的是找出起因，通常都是極端焦慮或創傷的記憶。

一位患者馬帝奧曾前往阿富汗作戰，某日駕駛裝甲車時遭遇敵火，前方路上突然發生爆炸，他反射性的快速轉向，避免自己與同袍被炸死。不幸的是，路邊的小男孩因此被裝甲車輾斃。

馬帝奧的創傷來自於他輾死的孩子，而非與死神擦身而過的經驗。他在診所敘述事件經過時，彷彿心不在焉，顯然不願重新回憶，把事件阻絕在他的顯意識記憶之外。經過一段時間的治療，他才能夠重新面對記憶中男孩母親的悲憤哭號，同時也面對他自己的悲傷與痛苦。我們運用虛擬實境工具重現類似場景，讓馬帝奧重複暴露於那樣的狀況中，直到他不再驚駭不已。

成日憂心忡忡也是一種逃避

認知逃避並非都如解離那樣極端，最常見的焦慮（廣泛性焦慮症）的典型狀態就是我最初描述的「人在心不在」。

賓州大學心理學教授湯馬斯・柏寇維（Thomas Borkovec）認為「憂心忡忡」（廣泛

性焦慮症的主要症狀）並非感覺或想法，而是行為。[14]柏寇維教授說，「憂心忡忡」是一種逃避方式，讓自己免於面對真正的恐懼。憂心忡忡的人不停在腦中重複相同的低度憂慮，例如一直想著：如果得癌症怎麼辦？或是：如果錢花光了怎麼辦？他們讓這種擔憂成日盤旋腦中。

雖然時時擔憂，奇怪的是卻從不回答自己問的「如果……怎麼辦」，也就是說，他們逃避真正去思考得癌症的後果，並不真的思考是否諮詢腫瘤科醫師、進行化療或手術，或是家庭可能承受的衝擊。一直憂心沒錢花的人也不會真的在腦中演練破產的情況，只是不斷自問表面的「如果……怎麼辦」去維持一種低度焦慮。他們之所以憂心忡忡，是為了逃避真正令人無法招架、痛苦的情緒反應，其結果卻恰恰強化了焦慮。

正因如此，憂心忡忡的狀態總是長期持續。成日處於低度擔憂的狀態，杏仁核與海迴便不會上線運作，就無法以新的資訊重寫自己的經驗。在現實中，令人憂心的結果並不如想像中那樣容易成真，但是，一直逃避健康與財務焦慮、不願具體處理問題，廣泛性焦慮症患者便永遠處於灰色地帶，一直輕微的擔憂，同時持續以認知逃避法來壓抑自己的思考，逃避更高程度的焦慮。

柏寇維教授提出如此違反直覺思考的理論，大幅提升了廣泛性焦慮症的臨床治療效果。暴露療法現亦被用於治療這類強迫式憂心的患者，**請他們面對過去不曾思考的高度憂慮的問題，真正加以仔細深思**。為了加速治療廣泛性焦慮症，必須按鈕發射情緒火箭，啟動杏仁核與海馬迴的連結。

柏寇維教授設計了一套流程，以三十分鐘做為「憂心時段」。在臨床作業上，憂心時段設定在每日同一段時間，在同一地點執行，請廣泛性焦慮症患者更強烈、更詳細的去擔憂，同時以第一人稱現在式進行書寫，以強化立即感。以財務焦慮為例，書寫內容大致如下：

我站在結帳櫃檯旁，推車裡放了一大堆生鮮。我的信用卡刷不過，再拿出另一張卡還是刷不過，於是拿出銀行儲值卡，裡面也沒錢了。櫃檯人員要把我的生鮮放在櫃檯後面，讓我去找現金，或是跟銀行聯絡。排隊在我後面的人一邊抱怨一邊走到別的結帳櫃檯，我打電話給銀行，被告知帳戶資金不足，已經不能使用超支保障服務。我完全不知所措，感覺自己是個魯蛇。

患者寫下故事（治療師通常從旁協助）之後，我們會請患者朗讀，可以用手機錄音，在憂心時段不斷反覆播放。每當患者又想繼續憂心忡忡，就要提醒自己等憂心時段到了再說，如此將有助於停止表面憂心（也就是停止逃避），同時透過暴露療法真正去處理焦慮，最終克服焦慮。通常在幾週之內，接受暴露療法的廣泛性焦慮症患者都能轉變心態，開始接受焦慮，也開始好轉。

藥物逃避

因為不想面對負面情緒，我們逃避令人焦慮的狀況，或避免去思考這些狀況，也可能喝酒或用藥（消遣用毒品或處方藥品），以求分心，免得清醒面對恐懼。上癮的可能性使得這種逃避法的危險性很高，但我認為上癮只是危險性之一，更大的危險是：依賴酒精或藥物只會阻止你面對恐懼，使得焦慮漩渦朝向更具破壞力的方向發展（如第二章所述）。

使用處方藥物或消遣性毒品的主要目的是逃避負面情緒。若每次戰或逃症狀出現，就使用精神性藥物壓制它，只會長久受制於焦慮。無論是否為醫師開立的處方，只要持續使用藥物，就不需要費力去超越焦慮，因此焦慮就永遠在某種程度上控制你。

這是否表示絕不能服用處方精神藥物？答案當然是否定的。不過，誰適合用藥、劑量多少、何時服用、用什麼藥，這些都是非常複雜的臨床問題。

美國的鴉片類藥物（opioid）危機給了醫師與病人許多經驗教訓，身體強烈疼痛的人吃止痛藥，因為他們認為無法以自己的力量超越疼痛。但是在高度疼痛時服用「疼始康定持續藥效錠」（WxyContin）等鴉片類藥物，身體會失去對藥物的耐受性，之後即便疼痛度降低，仍需服用同樣劑量，甚至更高劑量的藥，並進一步降低疼痛耐受度，許多人因此受制於止痛藥。醫界如今已知，以鴉片類藥物止痛，應是用藥的最後手段，且必須少量給藥，患者才有機會面對問題，提高耐受度，以便「突破」疼痛，包含關節炎或癌症等慢性疾病造成的突發性短暫疼痛。

突然發作的強烈焦慮症或恐慌症可說是一種心理疾病的突發性疼痛。恐慌或焦慮突發就立刻用藥壓制痛苦的人，同時也必須學習（至少做出努力）如何面對與管理焦慮。依循專業臨床醫師的指示準確服用藥物，以化學手段將焦慮控制在合理範圍，這不僅正確，也是一種自我照顧。我的患者有半數以上服用處方藥物，並因此受益。然而，與我合作的專業藥劑師都了解，我們不能完全靠藥物將焦慮指數降到零，若是這麼做，患者可能長期無法擺脫焦慮症。

美國聯邦政府發現某種特定焦慮藥物具有重大風險，也就是苯二氮平類藥物，包含贊安諾（Xanax）、樂平片（Valium）、Klonopin、安定文錠（Ativan）等品牌，許多人正試圖戒斷此類藥物。二〇二二年初，美國國家衛生院向研究人員發布訊息，將大規模資助醫界「協助患者進行處方優化（deprescribing），包含欲停用苯二氮平類藥物的患者，以及服用此類藥物已弊大於利的患者」。國家衛生院欲以其龐大資源提供研究資金，為醫師與治療師提供處方優化的方法，幫助患者停止使用此類藥物。[15]

主動與被動藥理學

治療精神疾病最廣泛使用的處方藥物是贊安諾（三氮二氮平），是一種苯二氮平類藥物（簡稱BZD）。[16]二〇一八年僅僅在美國就被開立兩千一百萬次。贊安諾的半衰期僅有六小時，進入與排出人體的速度相對較快。贊安諾通常以「視需要服用」的方式開立，指示病患在焦慮初現之際就服用，目的是在痛苦惡化之前就予以阻斷。

我最不願採用的焦慮治療方式就是請患者視需要服用贊安諾。這等於是告訴患者：你沒有能力忍受高度焦慮，贊安諾就是你的逃生出口，你永遠不必知道自己可以忍受多少焦慮。當然，患者也就沒機會適應焦慮，或加以克服。

調查報導記者羅伯特・惠特克（Robert Whitaker）曾出版一本發人深省的好書《精神病大流行》（*Anatomy of an Epidemic*），其中以一章的篇幅討論ＢＺＤ，著墨最深的就是贊安諾。[17]他的結論很簡單：**自從ＢＺＤ成為主流，焦慮症的發生率與嚴重度就快速大幅提高**。提供焦慮症患者一個即時救援、作用快速的藥物，只是讓他們永遠害怕內心的恐懼，焦慮漩渦亦將愈演愈烈。

但並非所有藥物都一樣，抗憂鬱藥物常被用來治療焦慮症，例如 Celexa 或樂復得（Zoloft），兩者都屬於選擇性血清回收抑制劑（ＳＳＲＩ），其用藥指示並非「視需要服用」，幾乎都在預定時間（早上或傍晚）每日服用。基本上在服用四到六週內並不會產生臨床效益，患者必須忍受焦慮一段時間之後，才能看到治療效益。此外，臨時或大量服用也不會完全消弭焦慮感，因此ＳＳＲＩ是適當的用藥選擇，尤其是無法負擔精神療法的患者，或是沮喪到無法出門進行精神治療的患者，特別適合此類藥物。

以下是幾個重要建議，確保以負責任的方式用藥，不違背本書所建議的原則與方法：

- **確保醫師監督**：你的用藥方式是否經過專責醫師同意？你若認為需要增加或減少劑量，務必先諮詢當初開立處方的醫師。
- **服用非處方藥物須小心謹慎**：自行服藥總有風險，許多人認為喝一點酒或是吸大麻來放鬆一下不會造成傷害，所以經常如此，其實應該如同服用處方藥一樣遵循醫師指示。如果告訴醫師，會得到什麼意見呢？如果醫師反對，就應該減量。
- **不要只依賴藥物**：這一點最重要，你是否在用藥同時也尋求治療師的指導？若無法負擔精神治療，醫療保險又不給付，也可以透過公益團體尋求同溫層的支持，有一個去處可以幫助你面對情緒。無論如何，用藥目的不應該是消弭焦慮，而是把焦慮控制在合理範圍，好讓你可以學習透過焦慮來進行自我成長。

BZD的作用

馬力歐是地方消防隊的救護技術員，大約五十五歲，他很喜歡自己的工作，但常覺得壓力很大，甚至偶爾會恐慌發作，出現暈眩與呼吸窘迫的症狀。消防隊一位要好的同事告訴他，只要服用一點點 Klonopin（一種ＢＺＤ）就可以鬆開壓力，同事也主動分享他的藥，於是馬力歐開始在焦慮時服用〇．五毫克的藥片，隨著時間過去，逐漸一天服用三次，甚至四次。

馬力歐沒多久就發現，在忙碌執勤十二小時之後，他必須依靠藥片才能入睡。他也發現若不服用 Klonopin 就更加焦慮，並開始在社交場合必須服藥，因為他發現自己有手抖的問題，這是過去沒有的症狀。此時他決定前來就診，我向他說明容忍焦慮的療法。他說，他可以忍受身邊任何人壓力發作，卻無法容忍自己的焦慮。

我問他：「如果你能學習容忍自己的焦慮呢？」

他一臉困惑的問我：「你說的是什麼意思？」

我說：「你使用藥物，只是在逃避。」我向他說明本書的幾項練習，請他磨練容忍焦慮的能力。我也安排他在保險支付範圍內尋求精神治療師的協助，以他目前的容忍能力，幫助他了解該用什麼藥、多少劑量。

馬力歐的精神治療師發現他太過依賴 Klonopin，無法完全更換藥類，所以請他改服「樂平片」（另一種ＢＺＤ），而且不再「視需要服用」，而是每日就寢前、晨起後、下午三點各服一次。一個月後，下午停藥，最後，晨起服藥劑量也減半。

除此之外，馬力歐也與診所的臨床醫師合作，接受暴露療法，首先列出令他感到不舒服的情境，也確認可以增加暈眩容忍度的方式，接著開始進行治療，例如坐在旋轉椅上轉十到十五圈，直到他非常暈眩。我們也請他用很細的吸管呼吸，模擬呼吸窘迫。他做練習時非常難受，但其中並無任何危險。經過一段時間，他用細吸管呼吸的時間從十秒進步到二十秒、一分鐘，最後到達兩分鐘。

兩個月後，馬力歐看起來煥然一新，樂平片用量只剩每晚睡前半劑，幫助他安眠，他對焦慮的容忍度也大幅增加，雖然還需繼續努力，但他已經走在正確的路上，不再讓焦慮統治他的生活，而是真正能超越焦慮。

法則3：直面焦慮

焦慮令人害怕，但只要能挺身面對，不讓焦慮統治你的生活，你就有力量超越焦慮。為此，必須喚醒內心的力量與勇氣，只要能直面焦慮，就有機會在腦中烙印新的記憶，並發現自己的內心其實蘊藏著強大的力量。為達此目標，最具體可行的辦法就是：開始直接面對焦慮！

請想想在目前的生活中，哪一個焦慮情境是你可以開始面對的？你可以自問：我是否因為焦慮而正在逃避什麼？我總是與哪一些狀況保持距離（行為逃避）？我是否刻意不讓自己去思考某些事情（認知逃避）？下表是幾種常見的恐懼，以及經常被採用的逃避方式。

焦慮來源	逃避
蜘蛛	露營活動
搭飛機	飛機、機場、飛行影片
害羞	課堂發言、見陌生人、宴會
恐慌（例如心悸）	運動、做愛
創傷後症候群（例如意外）	開車、描寫意外的文字或畫面、戰爭片
強迫症（例如害怕感染）	公共廁所、與人握手
廣場恐懼症	出家門、任何可能引發恐慌的場景
看病、看牙齒	醫師或牙醫
公開演說	辦公室會議、大型會議、研討會
財務狀況	檢查收支狀況、信用卡帳單

從上頁清單選擇一種焦慮（或是你自己的焦慮），然後想想你都是如何逃避。

現在，用視覺化的方式想像你減少或完全不再逃避，而是直面焦慮。花一點時間想像你若是以某種程度超越了焦慮，那會是什麼情景。

接下來，在你準備好的時候，再向前跨一步，直接去面對恐懼，容許自己感到焦慮！然後，在你重新設定自己的思考模式並超越焦慮之際，也同時享受這個艱難卻美好的過程。

第二部

強化與他人的連結

第 4 章 理解他人

焦慮幫助你更了解他人的情緒

第一部第一至三章著重於討論焦慮能改善你與自己的關係，焦慮能強化自我認識與自我疼惜，讓你有機會超越自己的限制。第二部第四至六章的主題則是焦慮如何讓你與他人更親近，彼此情感連結更深。

你與自己、與他人，或是與靈性的關係，都是以知識與覺察為基礎。第四章將告訴你**焦慮有助於自我成長，因為焦慮可以是借鏡，教你感知與回應他人的情緒傾向與當下狀態**。對他人情緒的感知力看似直覺、下意識、非自主，是天生就具備或欠缺的能力。但是，心理科學已經揭露，人如何察覺、理解、回應他人的情緒感受，其實是具體的技巧，任何人都可以學習，以便與他人培養並維繫親近的關係。本章即將告訴你，你若有過焦慮的經驗，就更能學會這些至關重要的技巧。

以焦慮為師

寇特十九歲的時候首次來看診，因為父母認為他的大學生活不理想，有些擔心他。但我卻發現寇特是個從容自在、風度翩翩的少年。父母期望他攻讀進階企管課程，以待日後為家族房地產企業效力，他卻更喜歡花時間結交朋友。寇特其實過得很快樂，各方面也都堪稱優異。我認為他需要協助的其實是如何處理家族對他的錯誤期望。

經過幾次談話，我認為寇特一切都好，但他的父母並不同意，便不願再支付診療費。我再次見到寇特時，他大約三十五歲，經濟獨立，可以自行負擔診療，只是他依然承受著家族壓力，家人要求他必須更積極，在家族企業的表現必須更好。

寇特的兄弟們經常敲定利潤豐厚的交易，他卻無心於此。他不善於在談判中扮演強勢角色，也不常成功談定交易。儘管如此，他身上有一個雖不搶眼卻珍貴無比的特質：他總是能團結家人，維繫平和與穩定的家庭環境。有時家人關係陷入緊張，場面就要失控暴發，甚至可能威脅到家族企業，此時總是寇特出來緩和情勢。此外，也是因為他在公司的角色，低階員工才能維持良好工作情緒。其他兄弟一心總在獲利與業務成長之上，常因此造成員工不滿，寇特卻真心理解員工需要什麼才能把工作做好。他就像是公司的人力資源主管，雖然這並非他的職掌或職銜。寇特跟家人的感情也親近，他的婚姻美滿，孩子都崇拜他，幾乎身邊所有人都喜愛他。他是個寬厚、善良、體貼的人。

寇特的祕訣是什麼？他年幼時曾經很焦慮，學校生活不順利，被同學捉弄，所以很早就懂得以同理心對待邊緣人。他在青少年時期承擔父母的失望，反而在成年後幫助他活得更好。他深深體會到父母應該把子女都視為珍寶，這對任何年紀的孩子來說都非常重要。他也了解人各有其強項與弱點，學術成績或工作成就並不等於幸福人生。寇特有如此開闊的閱人視角，懂得欣賞他人的好，也因此培養了富足的人際關係。最重要的是，他能把內心苦楚與情緒困境轉變成力量，去認同旁人的困難並提供協助。

因為父母與兄弟的唯一評比標準是財力，寇特確實難以得到家人的肯定，這也是我們進行諮商的主題。我鼓勵他應該意識到，他的人生成就其實正是他真心在乎的：與身邊的人和睦共處，設法帶給他們快樂。當然，因為父母與兄弟並不欣賞他的同理心與融洽的人際關係，他心中依然傷痛，但隨著時間過去，他也逐漸學會放下，並且感恩自己能懂得體諒他人。

寇特也知道他的長處被許多人錯認為弱點。現今社會文化經常更重視工作成就，而非情感關係。人們著魔一般汲汲營營於工作成就，只有工作簡訊才立刻回覆，犧牲感情換取工作機會，為賺錢不顧情誼。這些不只是壞習慣，更已成為社會價值觀。人們因此不重視、甚至忘了應該了解他人的感受，應該設身處的想像他人的體驗，觀察他人的肢體語言去判斷那代表什麼情緒，唯有如此才能與他人建立情感連結。

「愛心瓦解」迷思

許多人以為，痛苦的經歷會導致防禦心態，從此難以對他人敞開心懷，但心理科學卻指出相反的結果。東北大學（Northeastern University）二〇一九年一項研究就支持這個結論。[1]經歷困苦逆境的人，多數並不因而導致「愛心瓦解」（compassion collapse），意指眼見他人受苦卻持續採取拒絕態度。[2]該研究指出，曾經遭逢厄運或受過創傷的人經常更懂得關懷他人。

筆者在臨床經驗也觀察到，最具愛心的人都經歷過最艱難的人生困境。我甚至可以說，曾經在艱難逆境中掙扎的患者，正是我所知最為他人著想、最具愛心的人。**正因為有過焦慮、憂鬱等心理健康問題，反而更能懂得旁人的感受**。

其中的最佳典範就是瑪莎・林納涵（Marsha Linehan）醫師，她是著名的心理學家，曾創造「辯證行為治療」（dialectical behavior therapy, DBT）。對於邊緣型人格障礙等嚴重複雜的心理症狀，包含激烈自我傷害與自殺，ＤＢＴ的療效均十分顯著。多個獨立研究案的試驗結果都指出，ＤＢＴ對邊緣型人格障礙患者可說有救命之恩。[3]林納涵醫師對心理治療的珍貴貢獻，卻是源於自身的精神病史。她十七歲那年有嚴重的自殺傾向，曾被收治入院，並誤診為思覺失調症。醫師給她強效鎮靜藥物，並且施以高壓電療，即便她苦苦央求暫緩仍強制施行。不人道的治療方式使得林納涵醫師深陷痛苦，只能祈禱神力給予協助。她曾對記者說：「我當時身陷地獄，就在心中起誓，如果我出去了，一定要回來拯救其他人。」[4]

從如此悲慘的親身經歷，林納涵醫師領悟到兩個看似矛盾的道理。第一，接受生命當下的樣貌，而非追求你以為的理想樣貌。第二，「改變」是成長與幸福的必要條件。二者之間的辯證性，就是DBT最重要的原則。林納涵醫師的故事給我很深的啟發，我行醫的原則正是如此。一旦能接受焦慮、停止抗拒，反而弔詭的更容易改變。這是因為我們更能調整情緒，並在情感上與旁人有更深的連結，包含宗教與靈性的連結。但此處的重點是，林納涵醫師若不曾親身與劇烈的痛苦纏鬥，或許便不會創造出獨到的治療見解。

嚴重焦慮的人常更了解與人相處之道，焦慮因而是助力，而非障礙。我的許多患者在習得如何與情緒共處之後，也入行成為我的同業。**曾經親身體驗痛苦的人，面對他人的苦，反而更能感同身受。**

焦慮讓你更能感知他人的情緒

焦慮為何有助於察覺並理解他人的苦？一個主要的原因就是，傷痛經驗可以使人更懂得關懷與善待他人。筆者與社交焦慮症患者的合作尤其能證明這一點。人若是過度警覺，在社交活動中就容易思慮過多，無法展現自我，因此不快樂，並難以與旁人培養感情。不過，社交焦慮者常特別能察覺旁人的心思與感受，因為社交焦慮症最核心的問題，就是太在乎別人的負面評價與情緒。[5]相較之下，所謂「人生勝利組」的人則經常對他人的情感漠然無知。所以，社交焦慮者過多的社會情緒察覺力，在某方面可說是一種天賦。

我的一位患者亞藍正是如此，社交焦慮是他最弱的弱點，若疏導正確，同時便也是他最強的強項，使他更懂得理解與回應他人。亞藍數度與升遷機會擦身而過，深覺工作陷入僵局。我與他一起探討他的處境，發現他個性害羞，非常在乎別人的反應，總是擔心著別人的想法與感受，因此表現得太過低調與謙虛。我告訴亞藍，這個明顯的弱點也同時是強項。亞藍結婚三十五年，婚姻依然美滿，因為他簡直太體貼了。他能隨時察覺與讀懂妻子的需求、情緒、感受、說話語調、臉部表情，因此在妻子與眾多女性眼中是理想夫婿。當然，亞藍在治療過程仍須執行本書第一部的策略，尤其是第三章（超越自我），至於對他人的理解，他的焦慮實是天賜的祝福。

當代人的情感關係可說十分脆弱。夫妻很容易就離婚，多年感情可能因為一點歧見就終結。朋友也更容易絕交，輕易就在社群媒體解除好友或停止追蹤，或是搞人間蒸發，不通知也不解釋就消失。這些行為常是因為缺乏同理心與社會情緒覺知，不懂得體諒他人感受。其實，**現今許多人的高度焦慮正可催化出人際間更深的情感連結，若是眾人都能有此**

認知，或許就不會有上述令人遺憾的現象。焦慮教人感知他人的無奈與掙扎，焦慮教人關注他人的感受與體驗，以自身之苦為借鏡，去察覺與理解他人的感受，因而深化彼此的連繫與感情。戀愛關係尤其如此，某種程度的焦慮反而令你更有吸引力。例如亞藍，過往經歷使他懂得不可漠然對待妻子，不能只專注於自己的需求，而要時時關心妻子的情緒狀態與非語言訊號。

觀察他人的好處

本章主旨是如何透過觀察與接受自己的焦慮，從而更能感知他人的情緒。現下我們正在了解一個反直覺的道理：因為你焦慮，你與旁人的互動反而更好。為了強調這一點，我先說明這如何有助於管理焦慮。

數年前，一位心靈導師向我開示了一個簡單明瞭的道理：**若要減少焦慮，就先跳脫自身思緒，關注他人需求，並給予回應**。包含筆者的信仰在內的許多宗教傳統都認同這個道理。東方宗教教導我們：多關懷他人，就會更喜歡自己。寂寞與疏離之所以存在，多因人們一心只想滿足自己的自尊與自負，這等於把自己抽離於所有人之外。眾多宗教團體都致力於關懷社會，援助醫藥、食物、衣物給需要的人，背後動機或許是宗教，但他們也懂得這個道理：照顧他人的同時也是在疏理自己的焦慮與不滿足。

科學界過去不曾深入研究其中的關聯，一旦仔細研究，所得出的結果十分令人驚喜。即便只是從旁見證他人從事慈善與關懷的活動，亦有助於提升正向情緒並減輕壓力。[6] 筆者數年前做過一項社會臨床心理學實驗，邀請十幾位重度焦慮症患者到紐約診所，只做一件事，就是外出觀察曼哈頓街上的人，用一小時「觀察他人」，去辨識他人的情緒，並猜測他們可能需要什麼。

傍晚時分的街道滿是人潮，熱狗小販、建築工人、親子同行購物，這些川流於醫院、飯店、車站的人們各屬不同年齡、種族、族群、社會階層，有人駕駛豪華轎車，也有人流落街頭。我們不與路人互動，也不實際滿足他們的需求，只是盡量觀察這些陌生人的情感，猜想他們可能需要什麼才能過得更好。

觀察他人一小時之後，我們回到診所，再以一小時討論彼此的體驗。我感覺到診所裡瀰漫著一股興奮之情，患者都很高興能暫時脫離自己滿腦子的焦慮，全神關注他人的需求。我同時也發現，這些**焦慮症患者特別有能力辨識他人需求**。他們特別能注意到微小細節，例如熱狗小販因為天氣冷、生意差而臉色陰沉；一個孩子因為牽上媽媽的手就一臉開心。他們不只看到一個流浪漢，還觀察到他沒鞋子穿，外套左邊袖子破了個洞。我告訴他們，你愈能察覺他人身上的細節，就愈能理解他們的體驗。我也告訴他們，自己有焦慮的經驗，就能教會我們去關心旁人的苦與樂。

我們在一週後進行進階實驗，這次除了觀察他人，也請患者前去互動，根據所猜測的對方的需求，以心中認為適當的方式去給予回應。例如某人雙手提滿東西要出商店大門，就可以去幫他開門。一位患者注意到某人一臉消沉，便前去給他一個笑容。另一位患者去買了份熱狗，不是因為餓了，只是想給小販打氣。這些善舉看似微小，但等到大家回診所集合，空氣中瀰漫的興奮與開心又比上次更加明顯。患者們發現，焦慮可以深化與他人的情感連結，他們以自身情緒困境為師，去琢磨、理解、照顧他人的感受。原本只會與陌生人擦身而過，如今卻能與他們產生連繫，即便短暫。

一位朋友居住在曼哈頓下城多年，曾與我分享他近身與流浪漢互動的經驗。他說當地流浪漢的乞討方式經常過於積極，他有時給些零錢，心裡就暫時好過一點，有時他快步通過，便有些許罪惡感，為了合理化他的決定，就對自己說：這些錢可能都用來買酒或毒品吧！某一天，他覺得給與不給的選項都令人沮喪，便停下腳步與行乞的人說話。他直視對方，問他：「你今天早上可好呀？」

那人有些訝異，但態度立刻不同了。他說：「你是整個星期唯一跟我說話的人，我雖然不太好，但是謝謝你的問候。」

他們當時正站在餐車前，簡短聊幾句後，朋友邀請他一起享用漢堡與薯條。他們邊吃邊聊，那人談到入住庇護所的風險，也談到在街上乞討最難受的就是全然的孤立感。

朋友告訴我，**當時的他甚感孤單，因此才更能主動開口跟對方聊天**。那次的經驗之後，朋友看流浪漢的眼光就完全改變了。至於我的焦慮症患者們，那次的社會臨床實驗已過去十幾年，但直到今日，他們時而還捎來電郵提及那兩小時的實驗，認為是療程中非常令人難忘且受益頗多的經驗。

依附理論

上述人際互動也許並不深刻。與陌生人短暫互動，或是與陌生人坐下吃飯，不可能就解決了全世界重大社會或經濟問題。然而，當你理解了人際關係背後的道理，就可能給自己或世界帶來莫大正面益處。因此，我們需要更關心身旁的人事物。

孩童與主要照顧者之間的關係對於心理健康的影響至為關鍵，心理學家竟直至二十世紀中期才確認此關聯。英國心理學家約翰・鮑比（John Bowlby）率先發展出「依附理論」（Attachment Theory），指出「人際間長期情感連結」至關重要。[7]他的理論成形於一九三〇年代，當時鮑比在倫敦治療情緒障礙兒童，最終得出一個結論：孩子若過早與母親分離，常導致日後無法有效維繫情感關係，也較無力面對困境與壓力。之後二十年，鮑比持續研究並撰述人類情感依附的重要性。[8]

以今日的標準而言，英國當時的醫療作業十分不人道。兒童即便只是需要小型療程，也會被留置在醫院一週以上。父母不准赴醫院探望，被要求在孩子治療完成之後才能到院接人。當時的醫療照顧可說冷漠無人性，根本談不上「照顧」。醫院在意的是減少疾病傳播，而不顧孩子是否得到心理關懷。根據鮑比的觀察，生病住院治療的孩子狀況都不好，不是因為醫療品質落後，而是因為孩子被剝奪了親密互動、貼心關注，以及情感連結。

布偶媽媽

鮑比的研究工作在心理學界產生重大衝擊。美國心理學家哈利・哈洛（Harry Harlow）受到依附理論的啟發，以靈長類母子為對象做出一系列經典的研究。哈洛以恆河猴做實驗，在小猴子出生不久就將牠們與母猴分離。其中幾隻小猴分配到可以給奶、鐵絲做成的代理母猴，其他小猴則分配到不給奶的母猴布偶。哈洛發現，鐵絲母猴餵養的小猴發展狀況都很糟，包含嚴重心理問題，甚至無法存活。[9]哈洛的後續實驗又有更驚人的發現。當小猴可以自己選擇布偶媽媽（不給奶）或是鐵絲媽媽（給奶）時，牠們會選擇布偶媽媽，並依偎在布偶媽媽身上尋求安慰。[10]這些實驗提供了經驗性證據，指出親子依附關係的關鍵重要性，以及母親的撫慰對嬰兒發展的珍貴價值。[11]

成人時期的情感依附

過去二十年的大量研究結果指出，人類進入成人時期依然有情感依附的需求。[12]這些研究結果可信度相當高，甚至有神經生物學依據。[13]負責長期記憶的大腦皮質，其主要區塊的突觸結構發展是否健全，就取決於情感連結。當人感受到愛，下視丘就會製造與釋出神經胜肽催產素，可舒緩焦慮與憂鬱。與情感直接相關的還有神經傳導物質多巴胺，可以使人有驅動力與愉悅感。總結來說，人類是社會性動物，天性需要情感連結與親密感。

因此，發展並維繫情感關係不僅對情緒有益，甚至是心理健康的決定因素。[14]現今已有完整文獻可清楚指出，情感依附是身體健康的重要指標，包含降低發炎、可體松、心血管代謝疾病的風險。若是與親密伴侶有穩定的情感依附，伴侶足堪依靠，就比較能管理負面情緒，好似擁有壓力緩衝，可使身體耗損降低。[15]尤其是患有氣喘或肺部疾病、克隆氏症或潰瘍性結腸炎、關節炎與類風濕性關節炎等慢性疾病的人，**愛就是治療慢性病患者的良藥**。

舉一個典型案例，我的一位年約六十五歲、事業成功的患者有肥胖症與糖尿病，曾在三年內五度住院，各因血壓飆高、神經病變、腎臟功能障礙、血管併發症，導致視覺障礙且無法行走。值得注意的是，他每次病發住院之前，都曾與妻子發生嚴重爭吵。後來，他們透過婚姻諮商等方式紓解婚姻問題，他的病症也隨之大幅改善，無需再住院，終能正常生活。

筆者先前說過，焦慮可以使情感關係升溫。我們從過去受苦的經驗出發，去感應旁人的情緒並同理以待，因而增進彼此的情感，也能對身心健康帶來莫大助益。

學習如何覺察他人的情緒

過去十年以來出現一種新興的臨床療法，是以心智化理論為本的心理治療，稱為「心智化治療」（mentalization based treatment）。[16]這種心理治療方式是由精神科醫師安東尼・貝特曼（Anthony Bateman）與心理學家彼得・馮納吉（Peter Fonagy）創立於英國，其核心是「心智化」概念，意即與他人互動時關懷對方的心理狀態。心智化治療在於引導患者練習「心智化」，去覺察他人的心思與感受，以此培養社會情緒能力與同理心，從而建立更穩定的情感依附與更深的情感關係。多項心智化治療的隨機對照試驗結果都發現，僅僅是學習如何覺察與關心他人的心思與感受，就能產生良好的臨床效益，甚至對病症複雜且嚴重的患者亦有相同助益。[17]

如果你的父母或照顧者具有心智化能力，在你成長期間不僅只是為你餵奶、換尿布，給你舒適的照料，同時也悉心關注你的情緒狀態有何變化，並幫助你度過傷心與沮喪的時刻，那麼你著實是幸運的人。無論如何，心智化理論文獻指出，如何強化對他人情緒的覺察，這是任何人都能學會的技巧。

首先就是了解史蒂芬・柯維（Stephen Covey）的「九〇－一〇定律」。[18]高達九〇%的人類情緒都是源自於過去的事，只有一〇%是基於當下正在進行的事，焦慮症患者大概都能輕易理解這個簡單卻深刻的概念。就如第二章所述，當下的事件只是起因，你選擇如何看待事件，才真正影響情緒狀態，而且人的感覺甚少完全來自於當下狀況。讀者若有焦慮症，必然能夠體會某人抵達機場時明明晴空萬里，他何以依然一想到上飛機就恐懼不已。

你的情緒覺察度多高？

我們需要有情緒覺察能力，才能心智化他人的情緒狀態。三十年前有一個「情緒覺察程度量表」（Levels of Emotional Awareness Scale, LEAS），可評量四個等級的情緒覺察度。證據顯示，情緒覺察能力有助於自律處理情緒、應付複雜的社交場合，並培養更好的情感關係。[19]此量表基本上是臨床醫師與研究人員用來評量病患或研究對象的工具，故在此無需過度深入討論。筆者接下來說明讀者如何應用四個程度的情緒覺察度，依序如下：

1. 覺察他人的生理感受：有能力覺察他人感受到的難過、舒服、溫暖、寒冷、振奮、疲憊、疼痛等。並非所有的生理感受都代表某種情緒，但所有的情緒都可能產生相對應的生理感受。因此，能夠覺察生理上的情緒表徵，就是達到「情緒協調」（emotional attunement）的第一步。

2. 覺察他人的行動傾向（行為）：覺察他人在各種情緒狀態下的「表達行為」（expressive behaviors）或「工具行為」（instrumental behaviors）。第三章曾討論過，焦慮與恐懼的人想要逃走、迴避、抽離；悲傷的人會躲藏、疏離、退縮，以及過度睡眠；憤怒的人可能想反抗或攻擊；情緒正向、幸福、愉悅、滿足的人則會微笑、頻繁與人互動，並充滿活力。

3. 察覺他人的（單一）情緒：這是情緒察覺能力的關鍵，能夠察覺生理表徵（感受與行為）之後，進一步能察覺表徵背後的情緒。如前所述，這需要做密切觀察，並輔以直覺感知，更重要的是，需要借鏡自身的情緒經驗，以便理解他人在特定情境可能經歷的感受。

4. 覺察他人的複雜（混合）情緒：概念與第三個程度類似，但能辨識混亂、非線性、不合邏輯，甚至相互對比或衝突的情緒。例如，面對令人緊張的情況，人可能同時感到焦慮與振奮，既因惶惑不安而感到焦慮，亦因正要克服焦慮而感到振奮。人甚至可能同時悲傷又快樂。例如，某人因為悲慘事件而哀傷，同時又因為自己的情緒反應適切，而在內心感到欣慰。

培養心智化能力

「心智化」雖是一種心理治療工具，但不論是臨床定義的心盛、心衰、心苦，或是嚴重心苦型的人，都能學習心智化並從中受益。

心智化的第一步就是情緒覺察能力的第一階段，需能覺察他人的生理感受。我們經常太急於到達對話的重點，而忽略了應該花些時間評估對方的身體或情緒是否安好。你找人說話時，是否注意到對方看起來疲倦或寒冷，或熱到冒汗？你是否能覺察到對方可能身體不舒服，甚至疼痛？如果你看到對方一直吞口水，是否能判斷他口渴了？單是能注意到生理表徵，你就跨出了培養心智化能力的第一步。

第二是關注他人的行為。你是否能觀察他人的臉部表情與肢體語言？你是否能覺察對方顯得不專心、坐立不安，或是太專注在手機上？據說，九〇%的人際溝通都是透過非語言方式。[20]無論是否屬實，觀察他人確實能取得非常大量的資訊，包含對方的喜好、慾望、需求、感覺。行為觀察的重要性也表現在臨床治療上，心理治療師的專業訓練之一，就是以系統性的方式在每次療程中記錄病患的行動，例如身體表徵，包含打扮方式；是否易於建立並維持融洽氣氛；說話的速度、音調、音質、音量、節奏；注意力維繫程度，需要被重新引導的次數；以及癖好、習慣、動作、姿勢等，不一而足。培養心智化能力並不一定要做到以上完整的行為評估，但必須能覺察到一定程度。

心智化的第三、四個重要層面是辨識他人（單一或複雜）的情緒，包含「原發情緒」（primary emotions），也就是外在因素導致的直接、自發的情緒。[21]例如，你可能注意到某人因為好消息或好事而感到愉悅；因為損失而悲傷；因為受到威脅而恐懼；因為噁心的事物而憎惡；或是因為突發事件而驚訝。另外也包含「續發情緒」（secondary emotions），亦即因應自身感覺而產生的感覺，例如憤怒經常衍生恐懼，焦慮或悲傷可能衍生羞愧。[22]更複雜的是，情緒經常劇烈起伏，也可能彼此相衝突，某人可能因為錄取理想中的大學而高興，繼而又因為得知好朋友落榜而感到罪惡、惋惜，或傷心。

心智化既是藝術也是科學，卻也是經常被忽略的能力。然而，心智化無論在社交或工作上，都有助於良好溝通。**這正是焦慮經驗何以對你如此有益的原因，因為焦慮可以使你更懂得關心並理解旁人的心理狀態。**

兩面刃

你若學會透過焦慮去理解他人的狀態，就會發現自己也沒那麼恐懼了。我們學著從自己經歷過的困境去加深對他人相同經歷的理解，讓焦慮幫助我們成長，避免災難想像、避免產生羞愧，並與他人以及世界有更深的連結。

然而，筆者必須提出一個警告。你若過度專心關注他人的焦慮以及自己因而產生的苦惱，可能導致你掩蓋自己的問題，或是責怪他人帶給你困擾。這種現象尤其可能出現在孩子有焦慮症的親子關係中。

焦慮的子女與他們的父母

瑟曼莎大約三十五歲，前來求診是因為她與九歲的兒子有親子問題。她寫了一張很長的清單，列出過去一個月以來，兒子每天在什麼時間有什麼行為。她記錄兒子就寢、起床時的行為；早餐、午餐吃什麼；是去上學或是找藉口待在家裡打哥哥的電玩；用手機時間多長（給兒子手機原是安全考量）。一方面，她能時時覺察孩子的狀態，試圖提供協助，但另一方面則是她完全不關心她跟自己的關係。

瑟曼莎先前就曾因焦慮症而接受治療，我當時建議她執行本書第一章的策略。她做了一段時間，卻無法堅持，如今又陷入掙扎，因為焦慮而身陷泥淖。瑟曼莎念茲在茲的記錄兒子的錯誤行為，忽略了如何協助他減壓，如此反而把自己的焦慮傳染給兒子。兒子愈焦慮，就愈無法正常作息，瑟曼莎的壓力也就更大。瑟曼莎必須往後退一大步，從心理學的角度做自我觀察。她一心一意關心兒子，實則是逃避自己的焦慮問題。

我曾見過的每一個焦慮的孩子，背後都至少有一個焦慮的家長。父母若是不處理自己的焦慮，就經常把箭頭指向子女的行為。至聖先師孔子曾說：「見賢思齊焉，見不賢而內自省也。」[23]也就是說，與其關心他人的錯，不如先自省是否犯了相同的錯。

我向瑟曼莎言明此理，鼓勵她把注意力先指向自己的焦慮，她聞言有些訝異。因為我們關係融洽，我直言她在療程中不斷瞄手機的行為，她笑了笑，承認她或許太緊繃了些。

瑟曼莎和我針對她的焦慮做了幾個月的治療，期間不曾討論過她兒子。結果呢？不僅她自己的焦慮得到緩解，兒子雖未接受任何治療，焦慮也大幅改善。

這是怎麼回事？瑟曼莎一旦平靜下來，便不再過度專注於兒子那些令人生氣與苦惱的行為，而能夠更關心兒子的感受。她不再一心想著為人母的辛苦，而是能察覺並諒解兒子的焦慮。瑟曼莎因此更關懷（而非厭惡）兒子，設法協助兒子提早就寢、改善飲食（減咖啡因、減糖），並且增加體能活動與社交活動。最重要的是，她也更注重親子溝通品質，跟兒子相處的同時不再猛看手機。

在瑟曼莎的例子中，她把自己的焦慮投射到孩子身上，造成兩人份的困境。「投射」（projection）在心理學界早已被視為一種常見的防衛機制，我們不願承認自己的想法與感覺，便將之投射在他人身上。從筆者的經驗來看，當投射對象是家人或伴侶，患者就更難意識到自己的行為模式。就瑟曼莎而言，她無法看清自己的焦慮，是因為她全心專注於孩子。相反的，當她承認並開始處理自己的焦慮，採用本書第一章的策略，她便能以同理心去理解孩子，自己的狀態也因而改善。瑟曼莎和兒子的關係變得更親密，兩人都因為焦慮減輕而獲益良多。

別遮蔽或忽視焦慮

焦慮有助於強化我們對他人情緒的認識，前提是要依循本書第一至三章的指引。你若選擇去遮蔽或忽略焦慮，一旦發作就被動用藥驅離它、害怕它、把它想像成災難、因為它而自我批判，或是任由自己受困於焦慮漩渦，你將無法運用這個絕佳的工具去強化與旁人的連結。

四十多歲的湘卓拉是一所高中的管理者，有非常嚴重的焦慮問題。她的父親與妹妹也都嚴重焦慮，而且害怕到不敢面對，一家人都是全然逃避的心態，一貫否認問題存在。因此，校內學生有焦慮或其他心理健康問題時，湘卓拉總是處理失當。她甚至看不到學生的心理問題，只看到他們造成的麻煩。她鄙視問題學生，受不了他們乖戾的行徑，皆是因為她下意識被提醒了自己和家人的問題。

可以想見，校內學生和家長的心理健康問題因此快速惡化。湘卓拉的同仁深知癥結所在，對她極其反感。他們眼見問題產生卻得不到她的支援，她的處理方式也總是弊大於利。因此同仁們並不直接向她反映問題，只是粉飾太平，畢竟他們也不被允許表達意見，甚至會害怕遭到她的報復。

同仁因為壓力與焦慮而紛紛離職，使得湘卓拉的壓力更大、更焦慮，學校的情況也日趨惡化。我的診所不知多少患者都來自該校，我也只能建議他們盡量迴避湘卓拉，等待她離職。若是讓我用一句話形容湘卓拉的狀況，我會說：她全然缺乏「情緒協調」。

情緒協調

你最親近的朋友是哪些人？你喜歡與哪幾位家人相處？你成長期間最喜歡的老師是哪幾位？你若有幸擁有一位心靈導師，他該有哪些特質，才能了解你的感受？

你喜歡的人想來都重視你的情緒、理解你的感受，且能持續以適切的方式真誠回應你的情緒。他們很可能也都有親身經驗做為借鏡，因此能了解你的情緒全貌，並照顧你的需求。簡而言之，與我們關係最親近的人都是與我們「情緒協調」的人。[24]此處的「協調」（attunement）意指接納或覺察，就字源而言，是由 at（在）與 tune（調和）兩個字結合而來，所以更深一層的意思是「處於和諧狀態」或「進入和諧狀態」。[25]確實，當我們的情緒被旁人理解、受到旁人關懷，就是一種和諧情境。

依附理論的心理學證據已經指出，你若想成為親友最信任的夥伴，必須有能力理解他們的情緒狀態，更要以同理心去回應他們的感覺。[26]只是知易行難，情緒畢竟微妙，本質上就不是理性產物。情緒也是抽象的，包含了直覺與猜想的成分。人們常說女人生性比男人多些直覺，彷彿那是基因學或心理物理學的天性。即便說對了一部分，也是因為西方女性通常比較願意花時間去解讀他人或彼此的情緒狀態。[27]如果我們都能花更多時間「收聽」他人的感覺，在各方面的直覺判斷就能更準確。所以，情緒協調是一種可實習、甚至可測量的能力。

「協調」與「心智化」類似，卻更進階。**協調不僅止於關懷他人的心理狀態，你的回應方式也要令人感覺到你心有戚戚焉**。情緒協調是更繁複的過程，包含情緒覺察、同理心，以及真誠回應。

情緒協調可拆解為幾個過程。第一，認同他人的情緒很重要、值得被關注。第二，花時間關注、觀察、思考、解讀他人的情緒，辨識他人的行為背後蘊含了什麼，不被他們當下外顯的感覺干擾。第三，根據觀察結果與對方坦誠的談談他們的情緒，給他們機會交心，若他們無法清楚描述感覺，就從旁提供協助。以上這三個部分與「心智化」十分類似。

第四，「協調」也包含「回應」他人的情緒。朋友與同事若傷心，你可以設法了解是什麼原因在困擾他們，然後以適當的方式給予回應。如果他們焦慮，你可以設法讓他們平靜下來，例如跟他們談一談。當他們生氣了，你需要找出原因，並處理令他們生氣的環節（同時注意自己的情緒不要受到負面影響）。

以上這些過程，特別是對旁人情緒給予真誠回應，都需要持續的練習與專注，以及對情感關係的承諾。我們經常花大把時間研究最適合居住的地區、最符合預算的車子，或是下一步職涯發展，同樣的，要做到情緒協調也需要認真投入時間與精力。特別是當前社會認為生產力與工作成就才是人生價值所在，所以多數人都需要更多的練習，才能學會如何恰當的回應同事、朋友、配偶，或伴侶的情緒。

培養情緒協調必須從你與自己的關係開始，必須先重視、在意自己的情緒，花時間理解自己的感覺，並且能說出來，讓感覺更明確，然後花時間回應、疏理、調和自己的情緒狀態，之後才更能懂得如何處理旁人的情緒。有能力覺察並適當處理自己的感覺，是我們與所愛之人維繫和諧關係與親密互動的關鍵因素。

建立情緒協調

與心智化一般，情緒協調也同樣是藝術與科學。這裡首先以一對感情觸礁的夫妻為例，說明其中的道理。

傑森與妻子凱夏在工作與兩個年幼孩子之間分身乏術。凱夏的壓力尤其大，甚至覺得無暇來診所接受治療。因此我與傑森合作，建議他與凱夏互動的時候應用四個層次的情緒察覺。

我首先問他是否注意到妻子的生理感受。他問：「這是什麼意思？她沒做多少家事，也不太幫忙照顧孩子啊！」

「是。」我說：「但你最近是否注意到她的外表有什麼不尋常的地方？」

他說：「前幾天她臉上的妝化得特別濃。」

我認為這不是觀察，而是批評。「有任何跟她平日行為不一樣的地方嗎？」

「喔！」傑森說：「她最近總是鬧鐘響了還繼續睡，所以上班就遲到。孩子吵鬧的時候，她就躲到房間追劇。」他接著說，她最近都拒絕傑森邀請她外出吃晚餐或是跟朋友聚會。說到這裡，傑森問我：「我應該針對這些觀察結果做點什麼嗎？」

「不。」我說：「時機未到。現階段你只需觀察凱夏的行為，以及是什麼情緒驅動了她的行為。當然，你如果想幫助她也可以，但現在的重點是注意她的感覺，並且讓她知道你注意到了，不是從批判的角度出發，而是以善意、支持的方式，跟她說你看見了、也能懂得她的困境。**重點就是你先脫離自己的心思，進入她的心思。**」

治療過程中，傑森能夠以自身焦慮來幫助他覺察凱夏的焦慮。例如，他開始注意到凱夏下班回家都很緊繃，總是咬緊牙關。他之所以看得出來，是因為他也會這樣。此外，他自己也很難拋開工作，所以能感覺到凱夏似乎更沉默，在下班時間也不停查看電郵。最重要的是，當他開始覺察並理解妻子的行為，自己也釋懷許多，他發現自己不孤單，凱夏的行為跟他一樣，都是壓力之下的正常反應。

傑森與我合作數月，持續觀察凱夏的生理感受、行為、單一情緒，最終能觀察她的複雜情緒。傑森一度在談到凱夏的時候眼眶泛淚，他說，透過凱夏的雙眼、透過她嗜睡與社交退縮的行為表現，他看到了深沉的悲傷，他知道妻子鬱鬱寡歡，卻直到現在才看見她的憂鬱已深入內心。傑森終於意識到凱夏感到全然的孤立與孤單，他同感哀傷，但他的哀傷是從同理心出發、有建設性的哀傷。

此刻我認為傑森已更加情緒協調，已經準備好，可以開始跟凱夏談她的感覺。凱夏方面的接受度也非常好，她終於能跟傑森分享自己的感覺，並感受到傑森的支持，她的焦慮立刻改善許多。他們首次坦誠對話，凱夏敞開心房，一度在丈夫面前落淚說：「我做妻子不稱職、做媽媽不稱職、工作也不稱職，我什麼都做不好！不知道你怎麼還沒拋棄我！」

兩人對話至此，傑森深受撼動，他竟不知凱夏心中如此自我貶抑。過去以來，他都以為凱夏是怪他造成她的壓力和悲傷。他此時暫停對話，思考著該如何回應。我在療程中曾訓練傑森以自身情緒為指引來回應凱夏。我問他：「如果凱夏的感覺是你的感覺，你期望凱夏給你什麼回應？」

在這個提示之下，傑森立刻知道該怎麼做了。他回到家，繼續與凱夏對話。他從自己體驗過的情緒困境出發，了解了凱夏能對他開口實屬不易。站在這個立場，他自然而然便說：「我愛你，我永遠不會離開你。」這毫無疑問是他們夫妻感情的重要轉捩點。凱夏知道傑森已經知悉並回應了她最深的恐懼，她的感覺從此也會得到傑森的接受。他們彼此傾訴，凱夏深感寬慰，說：「我其實就只是想被你看見！」

在傑森的最後一次療程中，我點出一個事實：他的婚姻如今能如此順遂，最重要的因素、甚至可能是唯一的因素，就是他自身的情緒困擾。他用自己經歷過的悲傷與焦慮來理解凱夏，讓她能安心開口訴說心事。因為他懂得關注自己的感覺，也才懂得如何回應凱夏的憂慮。在後續幾週，我鼓勵傑森請凱夏談談她的家庭，以及她與父母的關係。此類話題常能勾起複雜、甚至相互衝突的情緒，凱夏也確實覺得既高興又恐懼，傑森則學著以自己複雜的情緒經驗為借鏡，對妻子的感受產生共鳴。就如任何婚姻一般，他們的婚姻依然需要持續努力，但兩人的感情已被重新點燃，也已共同步上更平穩的旅途。

我們都不孤單

我們先脫離自己的心思，專心仔細觀察並回應他人的情緒，便會發現其實眾人都在同一條船上，我們的苦與他人的苦相通。無人能一生享有完美的心情，在當今的焦慮時代尤其如此。一旦能意識到自己並非孤單受苦，焦慮彷彿就不再那麼強烈，因此，對他人的關心、自身的焦慮，此二者不可分。世上的宗教與靈性傳統千年以來就教導一個道理：人在本質上都是彼此相連的存在，領悟到這一點，就能帶來內心和平。重點是我們無需消弭焦慮，反應**運用焦慮來加深對他人的了解，不該視焦慮為障礙，而是自我成長的跳板**。

這個道理如何能應用於日常生活呢？學習「心智化」，就更能辨識與理解他人的心思、信念、想望，以及情感需求。學習「情緒協調」，就能懂得如何回應他人的感覺，與他人產生和諧共鳴。此二者都有助於與旁人培養情感，並因而降低自己的焦慮。

先前討論過，我們不可超過兩天不與他人有深刻互動。培養深刻情感的最佳方式之一，就是在本章所學到的：以自身情緒經驗做為指引，培養對他人情緒的覺察力，並真誠予以回應。

法則4：運用自身情緒理解他人

透過自己的情緒困境來了解並回應他人的痛苦。焦慮就是自我成長的助力，能深化你與旁人的情感，亦能平息自己的焦慮之火。與旁人建立更深刻的情感連結，也有助於提升身心健康。你若曾經感到焦慮，就有能力運用焦慮來深化你對他人的了解，這對你或對方都將產生長久的助益。

花幾分鐘時間以某人為對象，建立一個如下列的心理資料庫。你可以選一位同事、朋友、家人、親密伴侶，甚至可以是陌生人（只是需要用一點想像力與創造力來完成練習）。

針對以下項目列舉對方目前的心境（至少一個）。若苦思不得結果，就先靜一靜、凝神專注，然後再試一次。若是真的卡住了，專心想了幾分鐘還是一片空白，就直接跳過，做下一個項目。

1. 目標：他目前有什麼企圖心或目標？他想達到什麼境界？

2. 需求：他現在的生活目標是什麼？有什麼能讓他的生活更順遂、快樂，甚至只是更方便一點也好？

3. 生理感受：他是否正覺得痛苦、愉悅、溫暖、寒冷？是否聞到或嚐到什麼味道？或是有什麼其他的生理感受？

4. 心思：他現在心裡正在想哪些事？挑出你認為可能跟他的情緒相關的心思。

5. 行為：無論是否顯而易見，他最近有什麼行為？他的情緒狀態使他傾向於採取什麼行為？

6. 感覺：他最近正經歷什麼情緒？是哪些情緒造成他的生理感受、心思、行為？是原發情緒（對狀況的直接反應）或是續發情緒（對自身情緒的反應）？這些是單一情緒嗎？是否為「合理」的情緒？或相互衝突？是複雜情緒？

第5章 接受他人

焦慮使你接受他人的局限

如第四章所述，人類是社交動物，親密的情感關係對人類身心健康至關重要。人必須維繫與珍惜人際情感，否則就無法成長，甚至無法存活。從一方面來說，我們透過焦慮的經驗而更加理解他人，彼此建立情感連結，並因而受益。但從另一方看來，卻也可能出現嚴重問題，甚至帶有危險。畢竟世上無完人，當我們衝撞到他人的局限，該當如何？若親友正經歷重大困境，或個性有嚴重缺陷，該如何經營彼此的關係？筆者的夫人常說：「人生是一團亂麻！」她完全正確！在現實中，若要建立良好人際連結，就需心平氣和的接受他人的局限。所幸我們有自身焦慮可引為借鏡，本章將進一步論述。

在政黨鬥爭之外

美國電影明星約翰・偉恩（John Wayne）是著名的保守派人士，他在一九六〇年談到總統當選人甘迺迪的時候說：「我沒投他，但他已是我的總統，所以我也盼望他是個好總統。」[1]這樣的觀點於今已不多見。現今世道要求人們必須高度認同候選人的政見或言行，才可以對該候選人發表正面意見，逼得人們必須對政客採取非善即惡、非黑即白的觀點，不允許有中間地帶的意見。

此現象影響甚為深遠。今日的美國華府幾乎是個僵局，政黨鬥爭導致參、眾兩院深陷日益嚴重的地盤之爭，過去十年內就曾三度因為法案無法通過而關閉政府部門，造成數十億美元損失，禍及業界，也使得分屬兩黨的數千名公務員被迫放無薪假，是個雙輸的結果。

無論哪個政黨都有我永遠不會支持的人，但即便朋友把票投給他們，與我的政治觀點對立，我們的友誼也依然如舊。若能暫時放下政治傾向且文明的對話，經常便能發現對立陣營的人身上也有正面優點。你可能認同某人做的好事，卻不完全支持此人的一切。你也可能與某人意見對立，甚至認為他的想法有危險，卻依然看到他有某些強處值得你認同與尊敬。

同樣的道理也能應用於政治與政黨鬥爭之外。**你的情感對象不可能完美無缺**。筆者在臨床上曾見過許多差異性極大卻依然美滿的婚姻，如此之連理枝得以存活，甚至枝繁葉茂，是因為能學著與對方的缺陷與極限和平共存。筆者在學術領域也同樣看過一些最佳研究拍檔的性情、處世能力、溝通模式都南轅北轍。人都不完美，兩人加乘之後又更不完美，然而，親近的情感關係依然使人成長壯大。根本的相處之道就是接受你看不順眼的地方，不試圖改變對方，將心力放在共同創造美好事物。

以宗教與靈性而言，聖經說人是按著上帝的形象被創造。[2]每個人天生都有其價值所在，雖然有時很難認同這一點，但多數事情都有挽救之道，斷然與人絕交通常沒有好處。

當代人情何以如此寡淡？

如今人情寡淡的主要原因是，人們逐漸以為情感關係應該輕鬆容易。情感對象不完美、有缺陷，總是令人焦慮，關係一旦不順遂，就以為有錯。事實上，**沒有任何一段感情絕對完美**。畢竟無人可臻完美之境，又何以期望人與人之間的感情完美？人都可能一知半解、妄生偏見、難纏、自私，也都可能犯錯，甚至是大錯。

人生是一團亂麻！

許多預設立場都是因為過度專注於成就自己，而不夠重視培養情感。如第一章所述，現代社會對生產力的重視高於情感連結，只要想到有缺陷的他人做出錯誤決定，因而毀了自己的成就，確實令人恐懼。人走進一段感情之後，確實可能更容易受傷，這確實令人害怕。

所有的親密情感都是存在於不完美的人之間，你必定要因為對方的不完美而困擾。**天底下不存在完美的婚姻、友誼、企業合作，或夥伴關係，**好萊塢與社群媒體所營造的均屬虛構，你必須斷了念想。完美的感情不存在於任何地方，但確實有穩定、滋養的感情存在。真實世界的感情都具有挑戰性，需要你忍受各種蠢事，這只是生命的一環，你若視之為情感關係的致命缺陷，豈非再不敢與人建立感情，這將是人情與社會的災難。

無奈人情並無坦途可循，斷絕往來更是下下之策。過去數十年全球離婚率之高令人心驚，其後果亦十分嚴重。研究結果指出，失婚家長的孩子常產生心理與社交問題，包含高度焦慮，成年後也較難建立情感依附關係。[3]就財務而言，離婚的平均費用是每對夫妻一萬五千美元。[4]這還不包含爭奪子女監護權與財產持有權的訴訟費，以及從一戶分成兩戶所增加的生活開支。因此，許多人（尤其是經濟弱勢者）離婚後便無力經營人生，並終其一生獨自生活。

相較於離婚率升高，更令人擔憂的是結婚率下降。一九六五年以來，結婚率持續下滑，現今二十五至五十四歲的年齡層中，每十人就有四人單身，不婚族不消多久就會變成多數人。[5][6]婚姻本就難以維繫，千禧世代尤其不願冒險步入婚姻，甚至斷然拒婚。[7]近幾年，連談戀愛都成為不受歡迎的事。[8]

然而，逃避婚姻亦需付出代價，因為「孤獨」正是晚年受苦的最大因素。羅伯特・沃丁格（Robert Waldinger）教授在哈佛做了一項著名的成人發展研究，他發現五十歲時的感情品質可以用來預判八十歲的身心健康，影響程度之關鍵，超越了任何其他因素，包含基因、智商、財務狀況，甚至心血管健康。[9]戰後嬰兒潮之後的世代[10]常認為世事皆應一帆風順，無奈總是事與願違。

你若只願意處理一人份的不完美，就只能維持孤身一人。你若想擁有情感關係，就必須接受人都可能犯錯的事實，包含朋友、伴侶等任何情感對象。

另一個選項

焦慮的人知道自己不完美。我們在第一章已經學習到，焦慮是戰或逃系統被誤觸的偽陽性結果，既不必要也不令人愉快，無需令人羞愧，卻可以給人重要的領悟：**人並不完美，只要是人都會犯錯**。人經常以不適當的方式面對焦慮，例如逃避、憤怒、酗酒或嗑藥，皆無異於火上添油，只會阻礙自己發揮力量去處理焦慮與壓力，這實是因為人是複雜的動物，不見得都能做該做的事。

焦慮也教導我們如何面對不完美。如第一部所述，焦慮的出現有其緣由，提醒我們狀況可能有誤，與其試圖消滅焦慮，不如處理引發焦慮的緣由，若能如此，焦慮便不再是病症，而是自我成長的資源。同樣的，**我們也應接受情感關係中令人不快的部分**，應該接受一個事實：我們愛的人同樣有缺陷、同樣會陷入困境，但不代表就不適合與我們相互傾訴與陪伴。如果把情感對象的不完美或問題想像成災難，或是批判他們的不完美，就可能破壞了原本可以深厚的感情。

這其中的基本概念就如第四章所述：我們需要以自身焦慮為借鏡，了解他人也會有情緒困境，他們當下的情緒有九〇％來自於過往的生命經歷，而且就他們的經歷而言，這些情緒都很合理。當你面對處於困境中的人，請先自問：他們曾有怎樣的生命經歷，因而造成如今的缺陷？若我也有相同經歷，我如今是什麼模樣？藉由焦慮的經驗幫助你思考，並且在看到他人缺陷時，同時看到背後的緣由。

還有一個焦慮給人的領悟也有助於改善情感關係。不曾因焦慮而苦的人，以及試圖逃避焦慮的人，可能天真的以為人可以控制生命。然而，就如第一部所述，情緒的變化很可能不從人願，事實上，焦慮的主要肇因之一，就是當今社會文化總希望掌控一切，且逃避不確定性。反過來說，克服焦慮的最佳方式之一，就是鬆開你的掌控慾。筆者在第三章曾描述一位有嚴重懼高症的朋友，當他終於決定徒步走完金門大橋，他既驚訝又釋懷，原來是「放手」使得他終於克服了最大的恐懼。就如他後來告訴我的：「我真的很高興曾經有焦慮症，現在才能知道自己有能力克服恐懼。**我並非一定要掌控一切！**」

這是重要的領悟，維繫一段感情確實必須放棄一定程度的掌控權。若我說，你不必掌控一切也可以擁有一段完美的感情，伴侶跟你一樣不完美，卻無礙於兩人一起成長，許多人可能以為矛盾，但曾經處理焦慮的人就懂得「人不可能掌控一切」的道理。如第三章所述，困境是生活的一部分。**你覺得苦也沒關係，只要能接受它，事情終究會變好，你也會變得更堅韌。所有美好的感情都包含一定程度的苦。**

人都帶著「一套」個性出生到世上，人成長的世界也不完美，甚至愈來愈不完美。請容我囉嗦，與他人建立情感關係，就表示你不只面對「一套」個性，還要接受對方的另一套。你若只想容忍一人份的不完美，你將孤身一人。若想要有人陪伴，就必須面對兩人份的不完美，有時恐怕是一團亂麻。

與對方的缺陷和平共處

羅絲瑪麗是曼哈頓的投資銀行家，丈夫薩爾在九一一恐攻事件當天在曼哈頓下城的世貿大樓上班，他倖存下來，但代價高昂，自此患有慢性憂鬱症與創傷後壓力症候群。羅絲瑪麗起初非常支持薩爾，與他共同建立家庭，但多年過去，薩爾仍未恢復，羅絲瑪麗逐漸生出憤怒與怨恨，曾對丈夫說：「恐攻事件已經過去二十年了，你差點喪命，但你現在還活著，你有可愛的孩子和愛你的妻子。你應該釋懷了！」

她的憤怒使得薩爾更加憂鬱，隨著家庭成員增加，生活開銷與照顧孩子的經濟壓力造成兩人都墮入向下螺旋的情緒。薩爾因為憂鬱而更加消沉，羅絲瑪麗也因此更沮喪，在感情上變得退縮，只全心專注在銀行工作，雖然改善了家裡的經濟狀況，卻又加深丈夫的憂鬱與羞愧，兩人漸行漸遠。更糟的是，羅絲瑪麗幾乎習慣性的質問薩爾為什麼每次只要進隧道都要發作，為什麼他不能更積極追求職涯發展。

筆者與他們合作後，發現羅絲瑪麗的工作態度比薩爾積極許多。薩爾是律師，但在一個小公司上班，並非強悍的訴訟律師，或是處理大型併購案的律師。羅絲瑪麗在投資銀行工作，經常性的與強悍（並且自私）的人士互動。他們與薩爾不同，只汲汲營營於獲利，對他們來說，九一一事件已經是遙遠的記憶。有一天，我請羅絲瑪麗說說她何不選擇嫁給公司裡的人，嫁給一個情緒韌性與工作野心都跟她類似的人。

羅絲瑪麗起初對這個問題感到困惑，也無法解釋她的選擇，經過幾次諮商，才發現她其實很依賴薩爾的體貼易感，她回想曾經與幾位銀行家交往，覺得他們都很冷漠，一心想賺錢，也不珍惜她。她一度眼眶泛淚的說，她父親就是全心經營事業、漠視家人情緒，所以她「絕不嫁這種人」！羅絲瑪麗真正想要、需要的人，完全不是她在職場上共事的那些強人，這是為什麼她當初選擇了薩爾，只是薩爾的表現令她愈來愈沮喪，才遺忘了初衷。

基於這個緣由，我建議羅絲瑪麗別再執著於她對薩爾的憤怒與失望，而是想想她多麼需要薩爾給她的情感支持。我也建議她想想自己的情緒困境，薩爾若是在情緒與行為上都很強悍，她現在的狀況恐怕更糟。

經過一段時間，羅絲瑪麗意識到薩爾的九一一創傷之所以如此之深，正是她當初愛上薩爾的理由：他是個體貼易感的人。她也逐漸理解，她需要的就是薩爾這樣的個性，他的缺陷只是個性的一環，她終究還是跟薩爾在一起比較快樂。

羅絲瑪麗的情況，以及我曾經合作過的幾乎每一對伴侶，都讓我想到滾石合唱團的經典名曲〈你不可能總是得到你想要的〉（You Can't Always Get What You Want），如歌詞說的：「你若留心或許就會發現，你已得到了你需要的。」[11]薩爾或許不是羅絲瑪麗以為的良人，但從薩爾身上，她得到了她需要的。

彼此不同反而更好

各個宗教傳統都蘊含一個普遍的信念：**事出必有因**。猶太教認為情感關係並非偶然，身邊的人都是在特定的時空進入我們的生命，送來我們需要的領悟，幫助我們變成更好的人。[12]新紀元（New Age）也有相似的信念，認為世上沒有巧合，靈魂彼此相遇有其命定。而宗教之外的世俗界也普遍存在著「靈魂伴侶」的概念。[13]

先前討論過，與他人培養感情原本就是難事，必須調和彼此相異、甚至是相反的觀念。然而，觀念的碰撞卻可以讓人變得更好、更強、更健全，還有最重要的，更懂得寬容。換個方法說，所謂靈魂伴侶並非只是對你有求必應，而是能幫助你變得更好。令人困擾的焦慮有助於更了解自己、接受自己，更具有韌性，同樣的，人在感情裡經歷的掙扎與無力掌控一切的困擾，亦可說是幸事。

兩個性格完全相仿的人在一起，就不會驅動彼此成長或拓展生命。對照之下，成功的事業搭檔經常都是相反卻互補的人。一方可能性急躁、組織能力極強，另一方雖然鬆散些，個性卻冷靜許多。前者扮演火車頭，確保公司達到目標，後者則確保員工的工作情緒愉快，不會公司一出問題就辭職求去。

讓我們再回來討論愛情關係。一對年輕伴侶尚未結婚，但已經交往多年，前來求診是因為兩人之間的差異性已經產生問題。裘恩從高中開始就是典型的「壞男孩」，二十出頭到東岸知名大學就學，總是不斷惹麻煩，身邊女友也不斷，幾乎都跟他一樣狂野。他現在的女友瑪兒塔是畢業後結識的，相對而言端莊嫻靜許多。他們彼此相愛，但秉性與脾性的差異卻造成社交生活與性生活的嚴重問題。

瑪兒塔喜歡宅在家，在床上也比較保守。袞恩喜歡與朋友聚會，多是些藝術家或音樂家，瑪兒塔在聚會中總覺得不自在。一段時間後，兩人之間產生距離。袞恩不想拋下瑪兒塔自己出門，就待在家抽大麻。瑪兒塔討厭他迷濛恍惚的樣子，便更加退縮，窩進沙發在Netflix追劇。此外，袞恩在床笫之間相當有冒險精神，瑪兒塔喜歡他的熱情，有時卻覺得太過頭了。

兩人關係愈來愈緊繃，於是前來進行諮商。袞恩說他在大學玩得很高興，雖然熱中跑趴，卻常在一番狂飲之後覺得空虛，相較之下，他非常珍惜與瑪兒塔的親密感，卻受不了她實在很會掃興。瑪兒塔說她覺得袞恩的「壞」很迷人，卻擔心他惹事上身，或是做出什麼最終會後悔的事。瑪兒塔回想起一位叔父也是個「壞男孩」，有一次因為喝得太醉，從陽台上墜落，險些喪命。他們兩人要如此對話並不容易，單是討論彼此的差異性，就需要放開一些掌控慾，以兩人的感情為優先，還需要暫時拋開災難想像與彼此批判，以便疏理清楚眼前的情況。

後來諮商過程出現了令人驚喜的轉變。兩人討論彼此的差異性，裘恩才發現瑪兒塔只是害怕，而不是天生就保守。所以他只需要協助瑪兒塔破繭而出。他在臥房裡應該慢慢來，對她更溫柔，讓她逐漸升溫，直到她最終能跟自己一樣興奮。瑪兒塔也了解到裘恩並不危險，只是有些狂野，而且是真心愛她。雖然裘恩的調戲讓她害羞窘困，但她也承認會因此興奮起來。裘恩過去交往的壞女孩們什麼都懂，但也讓他覺得對方只想遊戲，不想認真。而且，雖然他喜歡跟瑪兒塔分享他的情愛技巧，但他更喜歡的是瑪兒塔真心愛他、在乎他。他們轉換新的方式經營感情，也驚喜的發現兩人的愛情多麼有滋味。

忍耐極限

無論裘恩多麼狂野，他從不曾粗暴對待瑪兒塔，一向很小心不傷害到她。至於薩爾，他雖非紐約市最強的男人，亦非遊手好閒之人。然而，萬一你的伴侶真的對你施加身體或精神虐待，或真的有危險性呢？

這其中的界線就是「精神病態」（或稱社會病態）。[14]精神病態患者以自我為中心，有反社會人格，沒有自責的能力，最明顯的表徵就是惡意的企圖、傷害他人的慾望，此類患者著實危險。

精神病態的根源是自戀型人格障礙，弔詭的是，通常是過低的自我評價導致自戀，大多起源於童年時期。精神病態患者是極度悲傷、心靈破碎的人，多數都曾在生命初期遭受凌虐或遺棄，或兩者皆有，因此需要藉由凌虐他人來支撐自己。

筆者不建議你用同理心對待精神病態患者，而是必須保護自己不被他們傷害。他們對自己的感覺太過負面，因而失去了為他人著想的能力，你唯一能做的，就是完全避開他們。此類患者極少前來尋求治療，因為他們沒有能力感知自己有什麼不對。

所幸在一般人之中，甚至是在接受臨床治療的患者當中，真正的精神病態患者極少。筆者也僅僅接觸過一位。筆者一位患者的丈夫明顯有社會病態人格的行為，他私下偷拍與妻子的性愛照片，用來勒索她，並且色誘小姨子，令她深陷複雜的情感與肉體出軌。他對這些都毫無悔意，被妻子發現後，又對妻子進行情感操弄，說服妻子相信她才是精神不正常的一方，所有一切都是因為她的心理健康有問題才會發生。等到妻子（必然）在這樣的精神虐待中陷入憂鬱，他又拿著妻子心理有問題的證據，承認了出軌，然後把錯都怪在妻子身上，指責妻子因為罹患憂鬱症而無法給他需要的支持。這一切著實令人噁心！我曾經為數百對伴侶進行諮商，這是唯一一次鼓勵患者結束婚姻關係。

所謂「忍耐極限」，最重要的考量因素就是「惡意」的企圖。近期有一位新婚女士前來求診，說丈夫「虐待」她。我詢問是怎樣的虐待，她答道：「我先生對我說：你幼稚！」

我認同這話不順耳，然後問她：「他有傷害你嗎？或是在他人面前羞辱你？」

「沒有。」她說：「只有我們兩人，但這是一種虐待。」

我說：「我了解這種話可能令人生氣。除了說這句話，他是否對你有肢體傷害？是否曾經逼迫你做你不想做的事？」

「沒有。」

「他是否羞辱你、貶低你，只為讓你難受？」

「沒有。沒有這種事。」

情況逐漸清晰，但我還需要更肯定。「你覺得他說你不成熟，目的是傷害你嗎？他是惡意的嗎？」

她不假思索的說：「不是，他人不壞，我覺得他感到痛苦，想取得我的注意力，希望被理解。我不認為他是刻意要傷害我的感情。」

我說：「在我看來，你丈夫心裡有事，就我所知來判斷，或許還挺嚴重，但他沒有惡意，也沒有危險性或虐待傾向。」

我們進一步討論他們的情況，這位年輕女性顯然有許多自己的問題，但她拒絕承認。她太過自我中心，即便無法負擔也奢侈花費。此外，每次丈夫試圖分享情緒，她就改變話題，甚至開始嘲笑或捉弄他，使得丈夫十分沮喪，並且在情感上深覺孤單。我其實認為他們個性契合，大可彼此支持。他之於她的好處是讓她在婚姻關係中學習面對自己的不成熟，她之於他的好處則是教他思考更巧妙的方式處理婚姻問題。

儘管我如此認為，她還是在一個月後向丈夫提出離婚。我有些感傷，原因有二。首先，我認為她反應過度，結束了一段很可能美好的婚姻。第二，丈夫確實是好意，只是不慎造成她的負面感受。如果這樣她都無法接受，我實在擔憂她未來的情感道路。即便另一半沒有惡意，維繫一段感情也免不了辛苦，這樣就選擇分手，就像是從火焰走向火爐。

疏離漩渦

第二章討論焦慮漩渦的時候指出，那是一連串漸進的過程，所以多數人並無法意識到自己正在向下淪陷。同樣的，我們也常不知不覺、習以為常就任由歧見導致爭吵，醞釀不滿的情緒。不知曾有多少次，我詢問患者是什麼緣由導致他們與伴侶、父母、子女，或手足發生爭吵，他們都答道：「不知道，我們就是吵起來了！」他們的感受或許就是如此，卻不足以描述事實。輕微的意見不和之所以惡化成嚴重的僵局，必定有一個清楚可見的過程。人們覺得無法控制怒氣驟生，但若能緩一緩，經常就能發現，過程中的許多時刻若及時採取行動，就可以避免自己情緒暴發。

我稱之為「疏離漩渦」的過程究竟有哪些階段，讓我們觀察一下，藉以了解爭吵如何發生，學著在情勢失控之前加以緩和或解決。焦慮漩渦與疏離漩渦其實十分相似，都有四個階段：起因、災難化、批判與責怪他人或自己，最後惡化為全面的漩渦。

疏離漩渦的起因或許是某人做的某件事不符合你的喜好、願望，或需求，或許是對方的言行造成你的困擾、痛苦，甚至是障礙，又或許是對方「沒做」你期望或依靠他們做的事。起因也可能來自於溝通不良或誤解，當下的狀況也許毫無不妥之處，但身為人類的我們就是可能解讀錯誤，因而產生怨氣或憂慮。他人的意圖有時是正面的，卻對我們造成負面影響。就如焦慮漩渦一樣，起因本身並不重要，之所以惡化只因「人生是一團亂麻」，而且沒有任何人生下來就完美。起因只是在最初啟動了漩渦，是之後的階段造成漩渦成形。

下一個階段是「災難化」，如同焦慮漩渦，我們的想法快速演變成過度擔憂不安，進入負面思考模式。即便當下的事實並不具體，卻立刻從中得出泛論：「他不珍惜我」或「她不尊重我」。我們想的是未來而非當下，以為對方的單一言論具有全面的意義，以為對方從今以後的行為都是如此，因此直接懷疑這段感情是否值得，並受困於負面思考之中。「災難化」常是下意識，只要你放慢思考速度，注意自己的內心獨白都說些什麼，就能在陷入漩渦之前意識到自己正在把事情災難化。

再下一個階段是「責怪」。我們譴責的不僅是對方的外在「行為」，還有內在「個性」。因為當下太懊惱而失去耐性，忘了包容對方的性格缺陷與人生困境，忘了對方也有過去的生命包袱，忘了只要是人都有缺陷。最重要的是，我們忘記了包含自己在內的所有人都不完美，因此對他人失去了耐心。

此外還有另一個必然，經常發生在下意識深處，就是「自責」。我們因為他人的行為而生出自責。別人對你不好，輕忽了你認為重要的事，除了「都是對方不好」，另一個通常不自知的反應是「都是我不好」。他為什麼對我這麼壞？是不是因為我不重要？是不是因為他不尊重我？是因為我不討人喜歡嗎？這些反應傷及自尊，使得他人的犯行被無限放大，因此加速了疏離漩渦。當我們鄙視對方的個性，又在內心責怪自己造成對方的行為，在批判與羞愧的加疊之下，我們就立刻火爆起來，卻沒有意識到背後的過程。

災難化與究責

一對新婚夫妻前來求診，主訴是兩人不斷因為同一件事爭吵。璟潔與卡洛斯住在只有一間臥室的公寓，在家除了吃睡就是看電視。不消說，他們沒有招待賓客的空間。璟潔最主要的抱怨是卡洛斯製造髒亂又不打掃。她經常不自覺的思緒狂奔：如果換了大房子要招待客人怎麼辦？如果有了孩子怎麼辦？我們的婚姻有什麼未來？我對他而言無關緊要嗎？這些思緒加重了璟潔的沮喪與負面情緒，使得她經常對卡洛斯發脾氣。卡洛斯的反應是默不作聲，璟潔因此又更火大，認為他毫無反應正是因為不在乎她、不在乎她的抱怨。

不打掃原本是個局部性的問題，後果只是髒亂，卻被擴大成全面性的災難，可能拆散一對新婚夫妻。璟潔完全沒有讓卡洛斯回應或處理問題，就開始想像未來在新家招待客人或清理孩子製造的髒亂，但真正讓璟潔失控的，是她判定卡洛斯是個骯髒鬼。她沒有意識到卡洛斯之所以不整潔，多半是因為他從小成長的家庭環境就不太整潔，並不是他個人的問題。璟潔從批判卡洛斯的行為，演變成質疑他不在乎她。從某個角度看來，她是在內心責怪自己造成丈夫的邋遢。某次診療期間，她說：「如果我是個更好的妻子，他就會更在意我的需求，會把廚房收拾乾淨！」

璟潔快人快語，是個急性子。這樣的個性只會讓她對家庭環境的不滿愈演愈烈，不過她的思考模式十分一致，所以也容易判斷她陷入疏離漩渦的傾向。璟潔還來不及思考，就把兩人的未來想像成災難，接著馬上開始責怪卡洛斯，然後覺得自己不被愛、不被照顧。不幸的是，璟潔愈是這麼想，對卡洛斯製造的髒亂就愈敏感，等下次卡洛斯再犯，她就生出更多災難想像，並且責怪卡洛斯和她自己。

疏離漩渦的成形

夫妻之間的互動，愈是怪罪彼此，愈可能擴大負面因素，進一步把局面災難化，因而更加怪罪彼此（無論有意識或無意識），導致更多負面互動，繼續給災難化思考添加柴火。這就如同焦慮漩渦的向下螺旋：某個原因觸發焦慮感，你開始把事情災難化，你批判自己，彷彿一切都是你的錯，於是焦慮加劇，火上添油，使得漩渦完全成形。

不過，疏離漩渦是發生在兩個人之間，所以還有另一個重要因素。災難化與究責會造成另一人的壓力、緊張，與焦慮。在一段困難的感情中成為被全面否定的一方，會造成腎上腺素進入血液，啟動戰或逃反應，一旦如此，將導致情緒繼續高漲（例如環潔），或是逐步退縮（例如卡洛斯）。許多人不知不覺就開始生氣，正是因為兩人一來一往，雙方還來不及釐清當下狀況，緊張情勢就快速升高。在情感關係中，一方的戰或逃反應愈強，另一方就愈可能也被觸動戰或逃反應。第六章將進一步討論這個互動模式。

以下是疏離漩渦的四個階段如何接連發生：

- **起因**：我們不喜歡對方說的話或做的事，或是對方沒做我們要求或需要他們做的事，漩渦便被啟動。對方的行為可能確實不妥當或討人厭，也可能只是不經意惹怒了我們。

- **災難化**：接下來，我們把事情想像成災難，認為對方的行為不是單一事件，而是有全面性的後果，把事情往最糟的地方想，認為對方在未來做的任何決定都將如此，所以眼下的問題將導致我們永遠處在受害、受傷的狀態。
- **究責**：我們對人不對事，開始責怪對方，而且還下意識的責怪自己造成了對方的行為，在心中質疑自己在對方的行為之中扮演了什麼角色，因而生出了羞愧。
- **漩渦成形**：我們愈是災難化，並責怪自己與對方，就愈可能感到緊繃、有壓力、焦慮，眼中只看到感情中的負面因素。其結果就是我們突然變得有攻擊性（戰）或退避（逃），然後啟動了對方的戰或逃反應，製造出更多負面因素，導致更多災難化與究責。此時，漩渦已全面成形，而我們甚至尚未意識到其中已經歷這許多階段，才造成我們如此暴躁。

焦慮給你的祝福

我們可以藉由焦慮的經驗改善與他人的關係。焦慮常在疏離漩渦被啟動之後變得更嚴重。不過，只要能傾聽焦慮帶來的訊息，就可以避免自己被套入疏離漩渦。情感關係也就能變得更有韌性，不易因為不耐煩、不滿、辱罵、傷害等因素就啟動漩渦。

焦慮不代表自身有重大缺陷。如第二章所說，焦慮可以提醒我們：情緒起伏實屬自然。焦慮突然湧生，只代表你是凡人，不需要把它災難化。此外，當焦慮襲來，你更需要接受自己、善待自己，即便你當時認為自己不值得，也要接受並善待自己，把最初的焦慮起因轉變成自我疼惜的機會。

相同策略亦可用於避免情感關係的疏離漩渦。首先是認可並接受一個事實：**世上沒有完美的情感關係**。不論是談戀愛、交朋友、同事互動，甚至是師生關係，必然會發生其中一方讓另一方失望或生氣的狀況。只要相處一段時間，雙方必然會有歧見，即便是性質單純的人際互動，也可能造成失望。例如，你請人重新裝潢廚房或修車，他們可能沒有完全遵守你的指示、沒有即時完成任務，或是超出預算，而讓你失望。你若有心理準備，就比較不容易在他人行為不如預期的時候加以災難化。有時候，或多數的時候，身邊的人並非完美的存在，此時他們需要的是你的接納，而非憂心。

此外也讓我們來**練習疼惜他人**。世上無完人。我甚至認為在這個時代，每一個人都有相當程度的性格缺陷，有時初見面就可明顯看出，有時則需要一段時間才會顯露。無論如何，可以肯定的是：**每個人都有內心的掙扎，那是人世的功課**。所謂疼惜他人並不是在他人做了好事的時候對他們好，那稱為酬勞，或稱為公平對待。所謂疼惜他人，是你能放下理由充分的批判與究責，以仁慈的心去對待旁人，尤其是在他們真的犯錯的時候。人不過是人，天生就該受困或失敗，當你理解到這個事實，自然就該盡力支持與善待他人。

讀者或許會質疑我何以堅持認為焦慮在情感關係之中是天賜的祝福。難道焦慮不會導致我更難忍受對方的性格缺陷嗎？筆者之所以這麼說，是因為你若不曾焦慮，可能就不懂得在逆境中更要接受與疼惜自己。你若有幸體驗過焦慮，並曾經運用本書第一部的策略來面對焦慮，你就會懂得接受自己無法永遠完美，也知道當自己陷入困境，反而應該放自己一馬，而非逼迫自己。**這些做法（接受與疼惜自己）也同樣是維繫感情的重要因素**。

所以，焦慮可以幫助你採取必要措施，阻止疏離漩渦成形。筆者將這些步驟列舉如後。**焦慮的經驗可以讓我們更自然而然就接受他人、疼惜他人**。除了少數精神病態的案例之外，我們應該時時接受與疼惜我們所愛之人。

親近漩渦

第二章曾討論如何將焦慮漩渦轉變成正向漩渦。焦慮症狀一旦出現，你可以選擇接受並疼惜自己，如此不但焦慮會減輕，也能與自己有更好的關係，使焦慮變為自我成長的資源。

我們通常無法自主選擇不恐懼或不啟動戰或逃反應。焦慮就是會發生！但我們可以選擇不把狀況災難化，不責怪自己竟會焦慮。你可以接受自己的感覺，疼惜自己，並因此變得更自信、更有韌性，同時將最初令人恐懼的焦慮因子轉變成資產。

同樣的策略也能應用於人際關係。當身邊的人啟動了你的戰或逃反應，你也可以透過以下步驟創造「親近漩渦」。

- **起因**：此處的起因與疏離漩渦一樣。人都不完美，即便是最美好的感情，偶爾也會溝通不良或意見不和。
- **接受不完美**：別把事情想像成災難，而是認知到凡人皆不完美。人與人的連結等於是把兩人份的缺陷加疊在一起，如何能期待任何情感關係是完美的呢？所以不要一力抗拒，而是**接受彼此的差異並順其自然**。任何感情都有起伏，所以就等待衝突過去吧！別幻想兩人的關係可以永遠處於完美的和諧狀態，這種關係不存在。

- **疼惜**：我們的任何情感對象都是能力有限、不完美的凡人。當我們責怪對方，常是忘了考量：對方是在怎樣的人生經驗與背景之下，才產生個性上的問題？我們應以謙遜的心態承認自己也有許多問題。更重要的是，不要因為他人的問題而責怪自己。他們不是你的錯！每個人都有自己的人生課題要解決，若是將他人的困境視為惡行，就會導致責難與羞愧，使得感情問題又更加嚴重。
- **不再疏離**：當你接受了情感關係的自然起伏，並懂得疼惜他人，疏離狀況就會逐漸緩和，甚至於消失。

是否堅持立場？

讀者或許會問：當他人做了我不喜歡的事，我應該接受他們的性格缺陷，疼惜他們和自己，此外什麼也不能做嗎？如果堅持自己的立場，明言自己的需求，難道就不妥當、不明智嗎？第六章將做更多說明，在此先說答案：當然不是！

即便要接受與疼惜他人，也不代表不能溫和、甚至是堅定的說清楚你對他人的期待。我們可以在接受與疼惜他人的同時，也確保自己的需求可以得到回應。**正向的態度並不包含忍受他人所有行徑**。不過，若是從憤怒與不耐出發，且毫不自知災難化與自責的傾向，可能就不明智也不妥當了。換句話說，若不是從接受與疼惜他人的角度出發，堅持立場通常不是好事。

米莉安與嫉妒她的妹妹蓓西之間的問題正可說明上述道理。姊妹倆年幼時，母親便離開人世，家裡少了一份薪水，擔任清潔工的父親經常必須加班多賺點錢。米莉安身為姊姊，自認為有責任照顧蓓西，雖然煞費苦心，妹妹卻厭惡被「管控」。姊姊若與年紀相仿的鄰居女孩出去玩，也不許她跟著。數年後，事情演變成米莉安對妹妹心懷憎恨，原因是蓓西在父親過世之後，偷走了父母的遺物，特別是幾本珍貴的相片簿。

米莉安來找我的時候，心中對妹妹竊取家族照片的行為充滿了憤懣。她認為自己在艱困的環境中成長卻不忘照顧妹妹，妹妹竟不感激她的犧牲。米莉安氣得在社群媒體將蓓西解除好友並封鎖，顯然是為了抗議她無理的侵占行為。

我起初暗示米莉安可以考慮與妹妹見面，當面分享她的感受，但很快就意識到米莉安仍在氣頭上，尚未認清自己的情緒狀態，所以先持續進行諮商，討論她從過往到現在如何看待姊妹關係。米莉安確實愛蓓西，希望維繫姊妹感情，卻對妹妹拿走相簿的行為感到無法置信。「我們一起經歷過那麼多事，她怎麼可以這麼對我？」米莉安以睥睨的語氣說：「我以後還怎麼能信任她？」她正在把事情想像成災難，語氣明顯激動。

於是我問米莉安是否責怪自己造成蓓西不告而取的行徑。她說：「醫師你說得沒錯，我的確責怪我自己！我應該跟蓓西把界線劃得更清楚才對，她非常自我中心，從不感激我照顧她，總有一天會超過界線。我早該讓她知道自己的位置，那就不會發生今天的事了！」

在諮商過程中，我一直試圖灌輸接受與疼惜他人的概念，鼓勵米莉安想想蓓西的人生經驗，她年幼喪母，或許覺得米莉安無法取代母親。我們也討論蓓西可能覺得受到太多管控，雖然米莉安出自於好意，對蓓西而言卻是負面影響。

米莉安首次意識到蓓西是出於恨意才拿走相片簿，雖然蓓西的感受既不正確也不正當，從環境因素來說卻也算正常。米莉安也認可蓓西或許是為了幫自己失去的童年重建一些美好回憶，才拿走了相片。米莉安理解到她與妹妹都同樣有人生的缺憾，都在年幼脆弱時便失恃。此時的米莉安已經進入親近漩渦。

再經過幾次諮商之後，米莉安的情緒狀態已經改善許多，我們便再次考慮與蓓西當面對話，談談姊妹感情的過去、現在、未來，以及關於那些被「偷走」的相片簿。

法則 5：進入親近漩渦

關於朋友、親人，有句話說：「有他們受不了，沒他們也受不了。」其實後半句才是真的，**人不能沒有朋友、親人**。所以我們必須學習如何承受人際關係的起起伏伏。當然，這當中也有界線。若發現自己陷入了被凌虐的關係，對方從無悔意，也完全不在乎旁人是否安好，就必須採取自我保護措施。除了上述具有惡意企圖的人之外，我們若能學著與跟自己有差異性的人好好相處，確實能受益無窮，可以學習多元的觀點，可以變成更堅強的人，最重要的是，可以學會如何接受與疼惜自己與他人。所以，當親友的個性缺陷令你感到不耐煩，或是他們的所作所為令你陷入掙扎，請透過以下步驟讓自己進入親近漩渦。

第一步

認清這個事實：情感關係本就不該完美。人與人之間的差異經常可以催化更深的情感連結與內心的成長。**人生就是一團亂麻！**若是不學著以愛與耐心去接受彼此的性格缺陷，就不可能享受美好的感情。

第二步

在情況變糟之前先意識到自己正在想像災難。認清並接受眼前只是單一性、而非全面性的事件。溝通不良與錯誤時常都會發生，特別是在兩個親近的人之間。若是將親友的行為解讀為惡意（其實未必），就很難鎮靜的回應。事情發生的時候，先沉靜片刻，專注在當下的情境。

第三步

接受這個事實：我們都是會犯錯的凡人，當凡人做了錯誤決定，無論是責怪他人或自己，都無濟於事。就像職業體育選手說的：你只能控制你能控制的。例如你投了一局好球，某個外野手卻嚴重失誤，可不能把敗局算在你頭上，因此你應該寬厚的疼惜自己與他人。這麼做不會讓情況更糟！每個人都有必須承擔與面對的人生課題，所以也都需要更多（而非更少）的疼惜與關愛。

第四步

就如你焦慮的時候應該接受自己、疼惜自己，你也應該接受他人、疼惜他人。人與人之間的差異性其實是契機，可以加深彼此的感情，教會你愛一個人原本的樣貌。

第6章 昇華情感關係

焦慮有助於深化人際情感連結

我們在第四章學習到，人與人情感連結更深，就更能彼此成長。第五章又接著討論情感關係不可能完美的事實，若期望感情永遠處於和諧狀態，無異痴人說夢。一旦能接受任何感情都不完美，就能進一步在面對他人性格缺陷時，懂得保持冷靜、避免把事情災難化，也避免責怪或批判自己與他人。我們已經知道，曾經體驗過焦慮（並且運用本書第一部的策略處理焦慮）就更能察覺自己正在災難化與究責，可能因此破壞感情。第四、五章只討論至此，之後**必須更往前進一步**，才能建立更真切的情感連結，我們**必須認知、接受、表達天生為人都有的脆弱與需求**，無論是私領域或職場關係的維繫皆是如此。我們都需要他人，也需要他人需要我們。這並不容易承認！一旦你願意承認，就能越過門檻，更進一步拉近距離。本章將告訴你，如何透過焦慮創造人際關係中的親近、親密，與連結。

人際關係的矛盾之處

人與人的關係天生就存在矛盾。一方面，情感連結可以使人更勇敢、堅韌；另一方面，當其中一方可以承認自己的弱點，透露自己的脆弱，承認需要對方，對方也同時做到這些，雙方便能從這段關係中得到最強大的力量。

例如雇主與員工的關係，若要雙方都獲得最大利益，**雇主和員工都必須承認並表達對彼此的依賴與需求**。哈佛商學院長久以來都主張職場上的相互感恩是一種美德。[1] 除了體貼與禮貌等基本對待之道，管理者若能對員工表達感恩，就是表示重視與需要員工的貢獻。員工常因此更忠誠、付出更多，工作滿意度也更高。同樣的，雇主若感受到員工對公司的奉獻、感恩，以及依賴（包含專業名聲、榮譽感、社交網絡、人生目標、財務安全感），那麼管理階層在心態上就更願意投資於改善公司政策，讓員工更快樂。因此，雖看似矛盾，但最穩定、最有助於提升產能與業務量的職場人際關係，就是雙方在某種程度上都承認對彼此的需求。**人都需要被需要，彼此都表達需要對方，就能建立良好的互動關係**。

數年前，一位患者在工作上最大的壓力來源，就是共事者不重視旁人，也不認為自己被重視，工作環境因此十分惡劣。奧斯卡是無比富裕、國際知名的金融奇才，即便立刻退休，他與子女（甚至是孫子女）也毋需工作就能過著富足的生活。過去十年左右，公司規模愈來愈大，納入幾位低、中階合作夥伴，奧斯卡卻深感缺乏工作意義與目的。他過去三十年尋找高獲利企業的紀錄無懈可擊，但他的意見在公司會議上卻經常被忽視。他告訴我，他感覺自己的薪資福利太高，合作夥伴也只是因為除掉他的代價太高，才讓他留在公司。奧斯卡覺得他不需要這些夥伴，夥伴們也不需要他，所以即便他已經很富裕，又領著高薪，工作上卻感受不到一絲快樂。幾輩子都花不完的錢也無法彌補缺乏工作意義與目標的遺憾，這都是因為共事者不願意顯露自己的脆弱。

這正是人際關係的矛盾之處。**情感連結給人力量，絕不是因為收穫大於投資**。其實正相反，情感連結取決於：你被對方需要的程度、你有多依賴對方，以及雙方都能表達對彼此的依賴。此處以勞資關係與合夥關係為例，只是為了清楚說明上述有關人際情感連結的一般道理。確實，就算是在華爾街，「共生」與「剝削」也不足以形容人際關係，社會中的家庭、朋友、社群、戀愛關係，又更是如此。在戀愛關係中，對方根本不珍惜你的付出，還有什麼比這個更糟踐人？相反的，如果伴侶雙方都覺得需要對方，就是珍貴的人生體驗，甚至能**成就愛的最高境界**。

自立自強或相互依賴

可惜，學術界或公眾媒體很少討論情感關係的矛盾。原因十分簡單：承認並珍惜彼此的相互依賴，牴觸了西方世界的個人主義。美國社會尤其將每個人都視為獨立個體，擁有個人權利，且通常高於組織或集體的權利。美國教育系統也支持同樣的價值觀，從小學到大學，學生接受的評量幾乎完全基於個人表現，而非團體成就。

然而，人類歷史發展到如今的關頭，顯然已經把自立自強的範圍拓展到不健康的地步。如今從許多方面看來，過度捧高個人主義已然產生反效果。離婚率飆高、生育與結婚率急遽下降，心理問題也高漲到接近臨界點。[2]最嚴重的或許是人們都以「我自己來」的態度過日子，導致憤怒與暴力大幅增加。新冠疫情發生之前許久，憤怒駕駛造成的意外事件就以每年七％的比例增加。[3]今日的機車騎士若是受到其他駕駛人的冒犯，也更容易拔槍相向。

事實上，與「自立自強」相較，「相互依賴」反而能有更多成就。相互依賴就是你需要他人，他人也需要你；分則弱，合則強。彼此競爭或獨立自主雖然好，但只能好到某個程度，一旦過頭，報酬率就開始快速下降。此外，相互依賴還教人懂得謙遜：每個人都有出頭之日，但沒有人不可或缺。黛安娜王妃曾經一語中的：「每個人都需要被重視，每個人都能有所貢獻。」[4]

所幸在現代世界，我們很容易就知道自己確實需要依賴他人，包含早起穿衣吃飯、使用電腦，種種需求都必須經他人之手，不論是栽種、製造、運送、加工、銷售，過程可能包含全球各地數以百計的人。我甚至認為蘊含靈性層面的意義：**世間之人彼此連結、彼此需要，這都是有旨意的**。許多宗教傳統都曾教導信徒這個概念。[5]

多年前，我有幸在波士頓大學焦慮病症中心待過一個夏天，離開時爭取機會訪問聲譽卓著的中心主任大衛．巴爾羅醫師。當時我請教他的成功祕訣，答案讓我很意外。他分享道，除了努力、堅持，還有運氣之外，**最主要的因素是與妻子的穩定感情**。他與妻子早在一九六六年便已結縭。筆者過去二十年的專業生涯發展中，經常回想起主任的真情分享。確實，從眾多同業身上就能看見，許多人聰明絕頂、創意靈動，並能獲得充分資助，然而，若與伴侶離異，或人際關係疏離，他們的專業成就經常便比不上長期情感生活美滿的人。

簡而言之，自立自強的重要性被高估了，我支持相互依賴。

依賴共生又是怎麼回事？

我們必須分辨「相互依賴」與「依賴共生」的不同，後者的情感類型是其中一方自尊過低、需要被肯定，對另一方的付出是出自於自己的情緒或心理需求，而另一方（可能是伴侶或家人）卻反而受到負面影響。相互依賴的雙方都會更強，而非更弱，依賴共生則相反。

依賴共生的典型案例是成年子女有飲酒、吸毒、賭博等成癮行為，但父母有自尊過低的問題，因而變相鼓勵了子女的病態行為。此類父母可能不斷掏錢，結果自然只是使子女的問題更嚴重。他們需要專業力量的介入與導引，子女上癮問題處理好之前，家人必須先停止提供資源，雙方都必須接受臨床治療，要治療子女的成癮行為，也要治療家人渴望被需要的心理問題。

十八歲的克萊德是大學生，他服用並販賣迷幻藥一段時間之後，父母才察覺問題，雖然難過，卻不堅持送克萊德去勒戒，也不切斷對他的資助，以致於他一直持續購買迷幻藥。母親瑪蒂爾德經常與他深夜長談，在他狂歡回家後為他做晚餐，他每次要錢也都大方的給，以為這樣可以感化克萊德。瑪蒂爾德不曾使用也不了解迷幻藥，不知道兒子滔滔不絕跟她說話只是因為藥物的影響。她以為孩子是真心想跟她親近，這樣就能幫助他克服藥癮，殊不知他的不良行為只會更嚴重。

對克萊德而言，他沒有改變的動機，也不認為停止用藥，生命就會變好，但在某個時間點，他同意來跟我做幾次諮商。我發現克萊德的治療一直沒有進展，便與他的家人深入對談。瑪蒂爾德覺得自己已經是個魯蛇，不想看到兒子也落入谷底，所以不願堅持送他進勒戒所，或是停止對他的供給。克萊德的父親知道瑪蒂爾德的處理方式無效，但他也不想打破現狀，免得孩子進勒戒所造成家族蒙羞。

我告訴瑪蒂爾德，我認為她與兒子是依賴共生的關係：克萊德真正需要的是戒掉毒癮，她卻不願運用她的力量教他做到。她一直提供支援，兒子卻只是更頻繁用藥，之後甚至經常帶朋友回家，弟妹們深受其擾，甚至有安全疑慮。瑪蒂爾德不斷與兒子深夜長談也感到筋疲力盡，但她幻想這是為了兒子犧牲自己，成為她自我認同的一部分。

很不幸，這一家人都不願意做出改變。我因此退出這個案子，並告訴他們，等到克萊德或他的父母願意採取行動去打破彼此的依賴共生關係，我們再重啟治療。

團結力量大

除了少見的依賴共生關係之外，「合」總是比「分」令人更堅強。更具體說，當彼此承認自己的脆弱，以及對另一方的需求，那麼，相互依賴多深，雙方就能多堅強。現代人大多生活在人際疏離的狀態中，因此更應該認同人與人的彼此依賴，並實際去建立彼此依賴的關係。

本章將繼續討論**從焦慮中汲取力量，在情感關係中承認並表達自己脆弱的需求，因此讓關係更為親密**。若能做到這一點，感情就能更加親近、親密，而焦慮（與憤怒）就將在感情加深的同時逐漸消逝。

焦慮與憤怒

人是社交動物，他人的行為確實能影響我們。正因如此，當你覺得他人的行為（或是不為）對你產生負面衝擊，自然會感到緊張與焦慮。這原本不是問題，只是人際關係的一部分，彼此依賴的生活必然如此。

然而，人際互動所產生的焦慮，人們經常並不表達，甚至不允許自己感受這些焦慮，而是把焦慮轉為憤怒。看似沒來由的怒氣暴發，常是立即性、下意識的行為，但可以肯定的是：**朝向他人發作的怒氣，其根源幾乎都是焦慮**。畢竟焦慮是受到戰或逃反應的影響。

筆者在第四章曾簡短提及「原發情緒」與「續發情緒」，此處將再深論。「原發情緒」是外來訊息引發的直接、非自主反應。傳統心理學的四個主要原發情緒是喜悅、悲傷、恐懼、憤怒，現亦有人主張加入嫌惡與驚訝。「續發情緒」則是原發情緒引起的感受。如第一章所述，你可能因為焦慮而感到羞愧，或是因為某件事高興，此事卻有其他影響（例如對你有利，卻可能傷害他人），所以高興之餘又感到罪惡。

雖然憤怒被視為原發情緒，但在筆者的臨床經驗中，憤怒多半以續發情緒出現。憤怒有許多形式，從輕微的鬧脾氣或不耐，到危險的暴怒或暴力。無論什麼等級的憤怒，我甚少看到憤怒出現的同時沒有伴隨焦慮、恐懼，或壓力的存在。研究文獻也已經有證據，例如我的好同事大衛．莫斯寇維奇（David Moscovitch）博士多年前的研究就發現，相較於沒有焦慮症狀的對照組，實驗對象的憤怒與侵略性都隨著程度不等的焦慮而升高。[6] 人不自覺的把焦慮轉為憤怒，然後開始發洩，這是一種逃避。為了避免處理自己的焦慮，就直接怪罪別人，等於是把自己的壓力轉嫁給他人。

這些現象在新冠疫情的各階段都很明顯。口罩令解除之後的某一天，我出門到波士頓一個地方水庫跑步，沒有戴口罩。雖然與路人保持了健康的距離，卻有一位年長女士火氣很大的對我吼道：「你要戴口罩！你要戴口罩！」我客氣的從距離之外道歉，然後就跑走了。兩天後，我又到水庫附近跑步，為免惹惱旁人，這次我戴上運動口罩，沒想到我又被吼了，是位年輕女士：「我們受夠了口罩，你不需要再戴那個愚蠢的東西了！你何必找碴呢？」我同樣也簡短道歉之後就跑走了，這次我回家之後自問：*這到底是怎麼回事？*

我的結論是，她們對我吼叫，背後的情緒不是憤怒，而是焦慮。第一位女士其實想說：*我害怕！那個病毒對我的危害尤其嚴重，我還不想死。*第二位女士則試圖分享她對自由的焦慮，她可能認為政府政策已經很超過了，如果在限制範圍之外還過度遵守，就可能損及公民自由。有趣的是，兩位女士的擔憂其實在某方面來說是一樣的，她們都想著：我希望新冠病毒消失。我希望這場惡夢結束。我不要一直這麼緊張，我的身心健康都受到影響了。無論如何，她們的憤怒背後顯然都有焦慮。我從這個視角回想兩次事件，幾乎真能看到在憤怒的面紗之後，恐懼正虎視眈眈。

當焦慮被轉成憤怒，很不幸的，我們就沒有機會處理焦慮，自然也就沒有處理憤怒。若總是採取這種策略，很可能數年、數十年過去，我們都無法意識到自己必須處理焦慮。相反的，一旦能意識到憤怒是焦慮的產物，不僅更能控制憤怒與焦慮，也能在生命中創造更多情感連結。

別把家庭變成戰場

卓依與德偉恩夫妻倆大約三十多歲，有三個孩子，前來求診是因為德偉恩常在家裡發脾氣，兩人都擔憂對孩子產生負面影響。德偉恩承認自己有憤怒管理的問題，也感到羞愧與罪惡，但他甚至說不清是被什麼激怒。「好似我體內有火藥箱，就突然暴怒，開始吼叫。我感覺很糟，也真的想改變。」

德偉恩的憤怒背後，是今日美國社會並不罕見的悲哀。他曾數度被部署至伊拉克，才剛回國不久，參戰期間曾經親眼看到可怕的傷亡場景，更糟的是他身為軍人必須執行的任務，雖是執行上級命令，仍使他不禁質疑身為人類的道德感。不幸的是，軍中主官經常建議士兵回歸民間生活之後，不要與家人討論戰場經驗，德偉恩就是這個錯誤建議的受害者。退伍軍人事務部提供的談話諮商對他的幫助有限，他依然受苦於戰場的衝擊與回憶閃現，以及對戰爭殘酷面的罪惡感與羞愧感，卻無法與妻子分享內心世界。

因為無法與卓依討論他的感受，他經常因為一點小事就暴發。他十分自責，認為自己無法控管情緒是因為他不適合在民間生活。他部署在伊拉克的時候有袍澤幫助他處理心中的罪惡與羞愧，因為大家都有同樣的感受。相對之下，家庭環境中的德偉恩耗盡智商與情商去處理情緒，因此一丁點變化就會令他無力維繫平衡。

有一次，原本預定七點吃晚餐，但卓依要送孩子去練足球，所以改變計畫，通知德偉恩改為六點半吃飯。德偉恩暴怒，卻怎麼也無法解釋為何那樣生氣。後來我們在諮商過程中放慢速度回顧事件，便能看清楚他的怒氣其實是來自於強烈的焦慮。他是個好軍人，遵從指揮官的命令，不與家人分享戰場經驗，他想保護家人不被他內心的風暴影響，不能讓妻兒看到他因為悲傷、痛苦、罪惡感而辛苦掙扎。所以，當計畫突然提早半小時執行，他便陷入恐慌，因為他少了三十分鐘可以整理情緒，防止自己崩潰，鎮靜的跟家人吃晚餐。

我向他解釋，他必須承認自己的脆弱，不僅對自己承認，也對卓依承認，而且我認為卓依也想要給他支持，比起令人害怕的暴怒，卓依應該更願意他展露柔軟的一面，包含他的傷懷、羞愧，以及緊繃的情緒。我與卓依談話時，她也同意我的看法，並表示如果她有能力照顧一個像德偉恩這樣高大強壯的軍人，她也會更肯定自己。於是我鼓勵夫妻倆坦誠對話：德偉恩需要更多支持，卓依也需要有機會提供支持，這正是「相互依賴」。

這扇門一開啟，事情就改觀了。過去德偉恩總是壓抑焦慮，時而怒氣暴發，並處於人際疏離狀態，如今每當他又為了控制情緒而感到焦慮時，便學著告訴卓依，也立刻就能感到自己平靜下來，怒氣緩和，他與妻子的感情更因此進入更深的境界。經過一段時間，德偉恩甚至可以表達他對肢體關愛的需求，他感覺到即將暴發時，若能獲得卓依的擁抱與依偎，就能感受到深刻的撫慰，而卓依也因為能夠給丈夫更多的肢體撫觸而非常快樂。他們坦誠討論問題，將這樣的對話變成日常，事情便繼續往好的方向發展。

最重要的是，德偉恩終於開始面對最深的恐懼，向卓依透露他不確定自己在看過、做過戰場上的那些事情之後，還能不能適應家庭生活。我鼓勵德偉恩將參戰經驗的一部分細節分享給卓依，而卓依也確實非常耐心的聆聽他的戰場故事。德偉恩對自己的看法因此產生重大轉變，他發現卓依並不嫌惡他在伊拉克的所作所為，而且正相反，由於他曾經承受的那一切，卓依反而更肯定她的軍人丈夫。就因為這一點轉變，德偉恩終於意識到自己在家也可以是個好丈夫、好父親，就如他為國出征時是個堅毅、可靠的軍人。

憤怒與逃避的一體兩面

我們已經知道焦慮經常觸發憤怒（戰反應），第三章也談到焦慮的人會逃避令人不自在的狀況（逃反應）。就人際互動而言，逃避其實與憤怒十分類似，也幾乎同樣嚴重，只是表徵比較難以察覺。當情感關係造成逃避反應，我們就像烏龜把頭縮入龜殼，以迴避對峙情勢與負面情緒，包含在爭議可能出現之際改變話題、直接避而不談自己的真實感受，或是切斷聯繫方式、搞消失。

憤怒與逃避這兩種反應方式並沒有哪個比較好，都可能對職場、家庭，與戀愛中的人際關係造成同等破壞，也可能產生同樣的負面衝擊。雖然憤怒與逃避都是用來取得或維繫人際關係中的掌控權，卻常使雙方愈行愈遠，因此更難處理問題。憤怒使對方害怕互動，雙方便因為缺乏溝通而造成關係中斷。逃避則是使雙方無法討論與處理造成關係緊張的問題，因而導致情感橫隔。

人際疏離的惡性循環

蘇珊．強森（Sue Johnson）博士是婚姻諮商的大師級人物，她提出三種常見的問題模式，都是因為沒有適當處理焦慮而發生。[7]當別人造成我們的不耐或苦惱，我們的反應常是憤怒（戰）或逃避（逃），對方繼而也選擇了憤怒（戰）或逃避（逃）。雙方互動就如惡性循環不斷重複，導致兩人之間更大的距離與痛苦。

雙方若都能表達自己的脆弱，以及對另一方的需求，情感關係必能有所提升，反之就等於是告訴彼此：「我不要依賴你，所以我要讓你痛苦，所以我要對你關起心房。」以下就是這三個問題模式：

1. 戰－戰模式（進逼－進逼）

雙方都有侵略性。吵架的時候即便沒有碗盤刀叉滿天飛，也常是互相指責，情況很快就會演變到令人無法忍受的地步。事實上，兩造都因為某種恐懼而感到脆弱，可能是認為自己不被珍惜，或是在某方面覺得受到威脅，並且把這些恐懼災難化，然後怪罪另一方（以及下意識的怪罪自己）造成兩人相處的問題。問題是，如果要接受與表達自己赤裸裸的脆弱，反而更令人害怕。其結果就是雙方僵持不下、堅持對峙、繼續爭吵，直到一方或雙方都退回自己的角落，帶著一身的傷痕、更深的恐懼，以及與對方更遠的距離。讀者可以想像，這種關係的傷害力太大，一般都無法持久。

2. 戰－逃模式（進逼－逃避）

這是最常見的模式。相較於模式一，這種關係經常持續到永久。在「進逼－逃避」的互動中，一方努力正視問題，即便帶著侵略性也要處理問題，另一方則是龜縮逃避，不採取決定性的作為。一方升高抗議強度，另一方就更是沉默以對、改變話題，或是開空頭支票。逃避方並不直接表示他們無意處理憤怒方提出的問題，一心只想逃避衝突。由於重要問題從不曾得到處理，逃避方令人覺得他們根本不在乎，憤怒方的焦慮無法得到緩解，而逃避方的焦慮也一樣持久不消，時時擔憂另一方發動攻擊。如此周而復始，雙方終其一生都陷在這種循環中，一方因為焦慮而總是以強烈的方式提出問題，另一方也因為焦慮而逃避與對方討論問題。結果就是雙方永遠有隔閡，即便偶爾拉近一點距離，也只見憤怒方徒勞的希望對方改變，逃避方同樣徒勞的希望對方罷休。他們之所以從無進展，主要原因就是**缺乏相互依賴**，雙方都不表達自己需要對方。其實憤怒方很需要對方重視他們的要求，逃避方也需要對方緩一緩、和平相處。

3. 逃－逃模式（逃避－逃避）

這是最惡質的一種模式。雙方通常從「戰－逃」（進逼－逃避）的互動開始，直到憤怒方放棄，認為對方永遠不會改變，此時萬事休矣，雙方等於從此斷了線。對照前兩個都有衝突成分的模式，「逃－逃」表面上看似和平，事實上兩人都覺得彼此距離更遠、更疏離，覺得孤單、悲傷。曾經發生出軌事件的婚姻，以及冷戰數年、甚至數十年的家人關係，都能看到這種模式的存在。此外也出現在曾經發生盜竊或欺騙的業務關係，其中一方認定對方行為不公，而且無可救藥，很常見的反應就是**瞞著對方取走我應得的部分**。

把焦慮轉化為愛

有趣的是，無論爭吵的問題是什麼，這三種模式常持續且反覆出現。強森博士的研究與臨床經驗都指出，爭吵主題幾乎無關緊要！同事、朋友、夥伴、配偶、家人若是處於「戰－戰」互動模式，只要任一方因為任何事情感到焦慮，就會暴發爭吵。處於「戰－逃」模式的人不論感受到任何壓力，都會自動進入「進逼－逃避」模式。而「逃－逃」模式一旦根深柢固，每當情勢顯得困難，雙方就會習慣性的退縮到自己的角落。因為上述原因，情感關係的諮商若要成功，不能只是解決特定問題導致的衝突，還必須處理最根本的相處模式。8

處理人際互動問題的關鍵重點就是「把焦慮轉化為愛」。以下想像雖不實際，但假設疫情期間對我吼叫的兩位女士可以做點調整，第一位女士若是對我說：「嗨！我看你沒帶口罩。我不生氣，不會對你大聲，只是想讓你知道我屬於高風險群（或是，我家裡有高風險群），一想到我可能被感染，或是傳染給別人，我就非常焦慮，所以，你可以戴上口罩嗎？」我一定樂意配合，甚至可能與她變成朋友！同樣的，如果第二位女士如此表達：

「抱歉，你知道口罩令已經解除了嗎？我知道很多人還是擔心新冠病毒，但我更擔心的是政府和社會反應過度。看到你在規定解除之後還帶口罩，讓我覺得很焦慮，我擔憂這場惡夢到底何時才結束，大家才能正常生活！」我一定誠心道歉、摘掉口罩，兩人可能也會好好聊一聊。

這兩種傳遞訊息的方式都遠遠好過於對別人吼：「你混蛋！」可惜在現實中我們無法控制別人。不過，只要能透露自己的脆弱，就能拉近距離，對方也反而更願意配合（但不能保證你的需求必定得到滿足，後續將再進一步討論這一點）。你若發怒，就等於表示：我強勢，我可以為所欲為，而你必須聽我的！只是，除非你找警察或拿武器相向，對方其實並不需要理會你，所以你實際上反而凸顯了自己的弱勢。

對照之下，被我調整過的兩位女士的話語表達了兩個重要元素：一是承認自己的焦慮，二是需要對方的配合。當我們如此表達，就能創造人與人之間的親近感，同時避免出現憤怒與不耐的情緒。**我們把焦慮與脆弱轉化成一股力量，拉近與他人的距離，而不是把他們推開，造成無法跨越的距離與孤立感**。若要將焦慮轉化為愛，就必須承認並表達自己對他人有需求、對方的決定會影響我們變好或變壞。首先就是不要用憤怒或逃避處理事情，並且要意識到自己可能只是想控制對方，而非接受並表達自己的焦慮。

還記得第五章的米莉安與蓓西這對姊妹嗎？經過幾次諮商後，米莉安終於能疼惜與理解蓓西受到控制的感覺，她決定跟蓓西談談被偷走的相片簿，她說：「那些相片對我有很重要的意義，我發現相片不見了的時候，覺得很恐慌，還以為弄丟了，心裡非常焦慮。後來我發現是你拿走，我又害怕起來，覺得你可能還會拿走其他東西。你是我妹妹，我需要跟你能相互信任，但現在我卻懷疑這份信任，所以感到傷心與憂慮。我不是在怪你，或是認為你不誠實。我只是想讓你知道，你沒有先跟我說就拿走相片，會讓我有什麼感覺。」

米莉安承認自己覺得受傷，使得蓓西立刻敞開心房，她說：「老實說，我很害怕問你可不可以給我相本，你是姊姊，我不知道你會不會同意。」米莉安認同她的感覺，也承認自己不是最有同理心或最穩重的姊姊。兩姊妹很多年不曾在情感上如此接近，最後米莉安同意由妹妹保存相簿，讓她在需要重溫舊時回憶的時候，就能隨時翻看照片。

承認脆弱的三個步驟

不論是面對朋友、同事、上司、家人、愛人，當你感到憤怒或想逃避時，實際上應該做什麼呢？以下是如何承認脆弱的過程，分為三個步驟：

1. 認清焦慮的起因

人際關係若是令你焦慮，就是身體在提醒你無法控制他人。這並非壞事。他人確實有自主做決定的能力，一般而言也確實無法受你控制。他人的願望與需求不見得與你一致，若是不一致，也不見得會以你的需求為優先。所以首先要認清：如果對方不依照你的意願與期望行事，你真正擔心的後果是什麼？這個問題光是想想就令人不舒服，因為你必須先承認自己脆弱，並且依賴著對方，這可能比本書前三章討論的焦慮更加令人不舒服。

許多人剛開始會說：「我不需要你！」若被迫面對事實，就會發現自己顯然需要對方，而且需要得緊。戀愛有時之所以令人害怕，這正是主要原因之一：**與對方愈接近，就愈需要依賴對方，對方卻不見得能一直相伴相隨**。人都有做選擇的自由，一旦彼此關係變得密不可分，在某種程度上就無法不承受對方做選擇之後的結果。因此，朋友與同事需要信任與依賴彼此。學生需要老師與同儕的體諒與同理心。成人子女常需要父母別控管太多。配偶與伴侶對彼此的需求尤其比心裡願意承認的還要多。**在整個生命過程中，我們幾乎不可能不因為人際關係而感到脆弱**。

如果你總是獨立打理事情，不學著去依賴旁人，就會與旁人的距離愈來愈遠，如果做到極致，最終就會成為孤家寡人。第四、五章與本章已經討論過，相較於自立自主，可以與人彼此依賴、共同合作的人更能繼續成長。我們很難接受自己需要他人，但只要能接受，事情就開始變得容易。若不願依賴他人，就得假裝不需要他人、用憤怒或逃避去控制他人，或是完全退出彼此的關係，這些都比承認脆弱更加令人難受。所以，依賴他人的第一步就是：釐清是什麼原因導致你的焦慮。

2. 不憤怒、不逃避

第一步做好之後，第二步才有可能成功。除非你知道自己因為依賴他人而焦慮，否則仍可能訴諸憤怒或逃避。先前討論過，進逼與退縮的行為都是來自於下意識的焦慮。當我們選擇對抗或沉默，暗藏的情緒通常是壓力、焦慮，或恐懼。例如：對方能一直相伴相隨嗎？我能依賴對方嗎？若是對方一直做令我抓狂的事該怎麼辦？一旦能意識到自己真正在擔憂什麼，就能開始管理自己的戰或逃反應。

至於輕易就會陷入憤怒或侵略行為的人，則必須能意識到自己的火氣正在上升，此時仿效一下習於退縮的人，先退至一旁，等待情緒沉澱下來，再開始表達自己的感受。憤怒是一種複雜的情緒，會影響判斷力與決策力。怒氣當頭就可能犯下離譜錯誤，犯下頭腦清醒時絕不可能犯的錯。不過，憤怒的好處在於它總能隨著時間過去而消退，典型的急性子常是快速上火，又同樣快速降溫。你或許早聽過一個建議：感到怒氣上升的時候，先在心裡默唸一到十，這辦法其實相當有效。在怒氣未消之前與人對話，通常無濟於事。先去散步，或是跑步，讓自己降溫，然後再開口。

另一個極端是習於退縮的人，這類人需要做到挺身開口，免得陷入逃避的狀態。為了避免面對複雜的情感互動，害怕傷害對方，退縮者可能採取全面或部分的逃避行為。然而，被自己在乎的人用退縮的態度拒於門外，反而更痛苦，對方寧願聽你坦誠說出內心感受，無論這些話有多傷人。而且，相對於習慣發怒的人，逃避者說出的話通常比較不至於傷害彼此的關係。所以這類人的最大風險就是關閉自己，不說清立場，或是不分享心中真正的想法與感受。

3. 站在脆弱的位置表達需求

做到釐清焦慮起因、避免製造彼此距離之後，最後一步就是**進入自己的內心深處，向對方表達你對他們的需求**。為了做到這一點，必須先接受一個事實：在一段關係當中，有時候（甚至是多數時候）你無法掌控一切。你得接受自己的脆弱，然後祈求上天對方仍會相伴到底！承認自己需要他人，會讓人覺得渺小，甚至害怕，但必須如此，才能接受與人彼此依賴的關係，並且因此超越內心的焦慮。若是不肯放手，你就無法在情感關係中扮演好自己的角色，也就永遠對這段關係有所虧欠。

一旦清楚知道自己需要他人、企圖控制他人也只是徒勞，就可以表達自己真正的需求，以及在需求背後的赤裸裸的情緒，不是嫌惡、批判、諷刺，或其他的續發情緒，而是悲傷、焦慮、恐懼等原發情緒。**目的是傳達自己的感受，好讓對方知道你的需求，知道他們的決定可能對你的福祉產生影響**。憤怒或沉默以對，都只會阻斷雙方對話。若是站在脆弱的位置，說出對另一方有什麼需求，就可能促成有意義的對話。面對憤怒或沉默的人，對方不會願意互動，若是面對焦慮的人，態度必然不同。當你坦誠表達自己的焦慮，就更可能令對方更願意相伴到底。

若是對方無法相伴到底呢？

這一切都不容易，甚至比第三章討論的暴露療法更困難。若是你對上述三步驟感到不自在或擔憂，其實是好事，這代表你已經了解本書傳達的概念。

你擔憂的原因很簡單。若要維繫與他人的感情，就必須接受凡人皆有能力限制，旁人也可能無法一直相伴相隨，所以我們也該適時退一步，允許對方去決定是否要繼續下去。我們必須停止控制對方，放手，並且認知到**該發生的終究會發生**。是的，你該讓對方知道你焦慮，懇請對方幫忙，但在這之後就是對方的決定了。

你必須先承認自己焦慮、避免訴諸憤怒與逃避、接受自己的脆弱、表達自己的需要，此時你才能說**我努力過了**。若是對方依然裹足不前，那就是對方的問題了。

好消息

在大多數的情況下，只要你盡可能誠實表達感受，對方都會支持你。知名權威期刊《自然》（*Nature*）近期一篇文章指出：「實驗證據顯示，人類的利他主義是一股強大的力量。」[9]該文闡述人類天生具有高尚情懷，例如同情、悲憫、仁慈、良善，看到他人有需求時，天生就傾向於付出，會盡所能提供幫助。[10]因為如此，在多數的狀況下，當你透露你需要對方，對方自然而然就會支持你。

第五章的羅絲瑪麗最終意識到她確實需要薩爾，在後來的諮商過程中，她甚至發現了表達需求的好處。她起初只是想試試看，便向薩爾敞開心房，她說：「我知道我一直都很生你的氣，現在我知道背後的原因了。我很需要你，有時候卻覺得你不在乎我，所以真的很傷心與孤單。」薩爾見到她卸除了戒心，即便他依然受困於憂鬱與創傷，也知道必須為了她而挺下去。

羅絲瑪麗也發現，她氣的不見得是薩爾的工作選擇，而是她在情感上非常需要丈夫表現出在乎她的樣子。她是家裡的主要經濟支柱，薩爾的薪水或專業成就並不真的重要，卻被她視為愛的替代品。其實她該做的努力是深化跟丈夫的感情，卻反而把他推開。

最要緊的是，她必須知道在感情中透露脆弱並非壞事，而是好事。她在過去十年都努力表現得強悍，讓丈夫知道誰是老大，兩人關係卻一籌莫展。她意識到必須改變，不再害怕顯得脆弱。她必須知道，訴諸於薩爾的正義感（你是我丈夫，你必須擔負起你那一半的責任）不可能行得通，而是應該從情感上去打動薩爾（我感到孤單，我需要你表現出對我的在乎），如此才能改變他的認知，使兩人更親密。

另一個案例是蘿芮，她結婚五年，只有一個孩子，想繼續生，試著再懷孕，已經多次看過助孕門診卻不成功。丈夫納森工作忙碌，每次去診所做測驗、討論他的精子數，都令他十分尷尬，所以很逃避談到生孩子的事。蘿芮因此憤怒不已，她認為天大地大的事，納森卻不在乎。一天晚上，蘿芮因為納森無法勃起而火冒三丈，大聲說：「你有什麼毛病？到底是不是男人？」納森彷彿被閹割一般羞辱，躲入內心深處，跟蘿芮冷戰一星期。後來事情過去，他解除退縮狀態，在床上卻完全無法正常表現。

經過諮商，蘿芮逐漸釐清了那晚的憤怒其實源自於焦慮。她害怕自己適合生育的時間就要過去，納森卻無法讓她再懷一個孩子。她更害怕的是納森不願意跟她一起繁衍家族，也根本不在乎她的需求。但蘿芮並未表露恐懼，而是對丈夫發火、出口傷人，例如：「你不是真的愛我！我都是自己一個人在做這些事！」

蘿芮愛她的丈夫，也知道他其實很在乎她，她以為生更多孩子有助於鞏固夫妻感情，回想起第一個孩子出世後，納森與她互動更多、更親熱，但隨著時間過去，納森卻冷了下來。如今她又不示弱，使得丈夫無處展現他的愛，等於是伸手將他推開。

在我的協助下，蘿芮承認並表達了焦慮，也因此鬆開對納森的控制，她發現自己不只憤怒，還非常害怕，害怕不能再有孩子，害怕永遠失去與納森之間的親密。蘿芮問我該如何處理納森的勃起功能障礙，我建議她對納森說些類似以下的話：「重點不是懷孩子，我只是想跟你親近，你若能勃起，當然很好，如果不行，也沒關係，因為問題其實不是你的勃起，而是我的焦慮。我焦慮代表的是我需要你，之後無論事情如何，都沒有關係。」

這個方法對兩人都產生了效益。蘿芮不再對納森吼叫、發號令，而是以他可以回應的方式在他面前承認自己的脆弱，她因此鬆開了控制慾。納森如今確認了蘿芮無論如何都是愛他的，便能夠放鬆下來，單純享受身體的親密。而且，聽蘿芮說她需要自己，納森變得更有自信心，因此更能興奮動情。

不是開玩笑，在我教蘿芮如何對待丈夫的三十天之後，她懷孕了！她來電告知的時候，我簡直不敢相信，沒想到事情竟能進展如此迅速，所以，我們都必須懂得鬆開自己控制他人的慾望，接受他人原貌。

壞消息

在某些狀況下，另一方無法立刻表態支持你到底，會需要一段時間。有時候，對方完全挺不住，但不是因為不願意，而是單純的無力，原因可能是現實考量、神經心理學因素（例如缺乏專注力、分神），或是情緒障礙。還有某些狀況的確是對方不願意繼續，即便遇上了，也要維繫焦慮意識，不要捲入憤怒或逃避的漩渦之中，不成為戰或逃反應的俘虜，而是敢於接受情感關係的現實面。

所以，站在脆弱的位置表達自己的需求，的確帶有風險。如果你做盡本章的內心功課，卻換來對方的不回應，確實令人難受。但你在親密的關係之中，須能知曉對方的態度，也要確認對方的負面行為模式不是因為你做錯了什麼。有時候，最好的結果就是雙方從此維持某種距離，雖然令人痛苦，與其永遠被困在疏離的惡性循環裡，不如弄清楚對方的極限在哪裡，並善盡自己所能去深化關係。

承恩出生在紐約，父母是來自亞洲的移民，對承恩的學術成就有非常高的期待。承恩想要暫停大學學業，去海岸巡防隊當志工，以便拓展視野。他不像家族那樣在乎成就，埋怨家人不同意他去體驗生活。身為獨子，承恩被教導必須對父母負責任，父母年邁時要倚賴他奉養，但他認為，若能追尋夢想，最終反而能更加成功。

我與承恩首先討論如何接受焦慮，不要把他與父母的關係災難化，試著設想父母用意的良善。承恩出生在美國，成長過程學習的人生觀，與大半生居於上海的父母不同。我們討論到他跟父母該如何對話，可以從愛出發，與父母進行他想要的對話，包含他希望父母了解他多麼需要父母給他發展空間。不過，就如我的預期，對話過程並不符合他的期望。父母仍然一心只要承恩功成名就，責怪他放棄了成功機會。他們說：「我們做了多少犧牲才來到美國，你是我們唯一的兒子，我們對你的期望很高，我們只是要你有一個光明的未來。」這些話背後的意思很清楚：你通往光明未來的唯一道路，就是乖乖聽話、繼續念書、拿到高學歷，然後賺大錢。

承恩的回答是：「美國跟你們成長的國家不一樣，人生可以有很多選項。我會拿到畢業證書，也會找到工作，但這並不是人生的一切。別擔心，你們年老的時候，我會在身邊照顧你們。」承恩的父母依然只要他遵循安排，甚至聽不見他說什麼。這場對話太令承恩難受，經過長時間諮商，他才意識到自己已經善盡所能，父母的視野有極限，那並非他的錯。承恩雖不能感到全然的平靜，也能夠接受這個事實，雖然父母可能不會欣然同意他的選擇，只要他不再堅持取得父母的認可，他也就能平靜許多。

馬可士與席拉之間也有類似的狀況。他們新婚時很愛跑趴、尋歡作樂、飲酒、嗑藥、跟朋友鬼混，後來安定下來生兒育女，現在有兩個不到四歲的孩子。馬可士認真營造健康的家庭環境，常常分享從勵志書籍讀到的概念。席拉起初還假裝有興趣，後來寧可跟老酒友、藥友打電話或簡訊，他們大多都還單身。席拉又開始出門跑趴，把孩子丟給馬可士照顧，每每回家的時候都「爛醉到斷片」（馬可士的形容）。

隨著時間過去，夫妻漸行漸遠。席拉覺得她已經做夠了犧牲，例如不再嗑藥，以及在懷孕期間不喝酒。馬可士卻因為席拉把孩子丟給他照顧、出門與朋友徹夜狂歡而感到沮喪。新冠疫情開始後，情況不能不處理了，因為席拉繼續外出，馬可士認為家人有染疫風險。為了維繫和平狀態，我起初鼓勵馬可士接受席拉，不要把事情災難化。這些他都做得很好，很快就能夠吐露他深感焦慮，擔心席拉可能永遠都無法跟他一起承擔為人父母的責任。我鼓勵馬可士把他的需求告訴席拉，但無論席拉是否能支持他，他都要接受。我們在諮商期間先做演練，他說到自己感覺很脆弱時，甚至濕了眼眶。

很不幸，馬可士對妻子掏心掏肺，她卻無法配合。婚姻對她而言只是方便行事，從兩人談話聽來，她顯然在外出狂歡的時候與別的男人發生過關係。馬可士也著實不易，他並未抱怨、爭吵，或是抽離，只是告訴席拉，他希望與伴侶的關係更親密，希望好好過家庭生活，如果這不是她想要的，他也會尊重她的決定。最後他們的婚姻告終，但馬可士因為處理婚姻問題而培養出更加堅強的情緒韌性，未來也必將更有能力處理與他人的感情。

法則6：承認並表露脆弱

若是一段感情（朋友、同事、家人、愛人）讓你感到焦慮，其實是好事！當你與他人有感情，就會變得脆弱，因為他們的決定與行為總是會影響到你，你自然會感到緊張、有壓力、焦慮，或是害怕。從某個角度看人際關係，焦慮的存在其實代表這份感情很堅固，你若完全不焦慮，很可能你也沒那麼在乎這份感情。

因此，焦慮其實是契機，能提升感情的親密度。你分享自己的憂慮，對方就有機會體諒、寬慰、支持你。就如先前討論過的，在多數的狀況下，透露自己的脆弱反而能催化他人更全心投入感情，並提供你所需要的。不過，某些人或許無法與你相伴到底，這雖然令人難以接受與面對，但我們寧可知道自己的位置，也知道自己已經善盡義務去維繫感情，爾後方不至遺憾。

以下步驟相當實用，這是焦慮給你的自我成長的機會，你可以承認並表露你的脆弱，藉此強化雙方感情。對象可以是同事、老闆、朋友、家人，或是愛人。

步驟一：認清情勢

首先要意識到焦慮的存在。清楚知道你對這段感情的期望與需求，以及對方是如何不符合你的期望與需求。想清楚，如果對方不願意配合，如果對方做了可能逼瘋你的事，你的人生會因此變成什麼模樣？如果思考這些問題讓你感到不舒服，那就對了！

步驟二：不憤怒、不逃避

接下來請小心避免陷入憤怒或逃避的狀態。如果你很易怒，更須加倍小心，記得重點是你的焦慮，並且持續意識到你的焦慮，同時在你感到煩躁的時候，在心裡從一數到十，等你平心靜氣了，再做步驟三。如果你傾向於逃避、退縮（例如在可能爭吵的時候改變話題、不表達真正的感受，或是搞消失），就必須採取相反的策略：要知道你關閉心防的風險就是失去與他人的親密感情，你這一方該說的話若不出口，也是會有代價的。

步驟三：表達需求

最後，接受你需要對方協助的事實，往你的內心深掘，表達你對另一方的需求。利用你的焦慮來傳達你需要對方支持你，或是需要對方不再做那些令你痛苦的事。請記得，此處的目的不是控制對方，而是讓對方知道你的情緒狀態，知道他們的行為如何影響到你，好讓他們在這些資訊之下做出決定。慢慢跟對方溝通你的需求，即便你因此感到害羞或恐懼，也必須善盡你這一方的義務，才有可能讓感情昇華。

第三部

強化與靈性境界的連結

第7章 知道自己的極限

焦慮能幫助你認清自己的知識與掌控力有限

首先談談「靈性」。本書引言曾提及靈性是「尋求神聖」，亦即超越物質世界。[1]許多人認為這就是宗教，也有人認為這是指生命包含了超越凡俗的層面，例如將自己修煉得更為謙卑、寬容、感恩、慈悲，以及有愛心。另一個靈性層次是了解人類追求偉大境界的能力、鼓起勇氣面對逆境，並戮力追求目標與夢想，後續將在第九章做更多討論。因為靈性的範疇如此之廣，無論讀者您是否歸屬任何信仰，希望您都能以開放的態度閱讀以下內容，了解焦慮如何能超乎想像的強化人類與靈性境界的連結。儘管如此，某些讀者或許無法對第三部的內容有共感，這也無妨。

本章將再次討論序篇談過的主題：確定性與掌控慾。如前所述，當代人如此焦慮，主因就是社會文化無法容忍不確定性，人們不能忍受任何一點不安全感。我們之所以受困於史上最嚴重的焦慮，很大一部分原因就是誤以為人可以預測與掌控生命的發展，於是事情出錯的時候便批判、責怪自己，即便是人力不可控的因素造成，仍不放過自己。當生命無可避免的出現複雜狀況，彰顯出人類的知識與能力並非無邊，可預測性與可控性的幻象也被打破，我們便成為焦慮的俘虜。**本章將告訴讀者，焦慮、不確定性、不可控性之間的三角關係，正是自我成長的催化劑**。我們可以學著將焦慮視為指標，提醒我們此刻正面對人類知識與掌控範圍的極限，如果事情出錯也沒道理自責，生命有時就是那樣複雜與困難。若能意識到身為人類的限制，就不會再那麼焦慮，並能強化自己的靈性價值，例如謙遜。

人類知識的極限

值此數位資訊時代，科技知識快速拓展，人類似乎無所不知。只要問一問 Siri 或 Alexa，幾乎就能得到任何你需要的資訊，而且只在數秒之間。反過來想，科技知識之浩瀚，反而提醒我們還有多少未知的存在！

例如，量子物理學令人質疑過去對物質與能量的基本假設。AI出現後，人類處理資訊的能力跟機器相較之下更顯得渺小。現代神經科學也指出人腦比目前所知更複雜，許多功能都是多個網絡（而非個別區塊）不斷以各種方式互動的結果。

就更基本的層級而言，當今科學知識仍十分有限。例如，科學家仍不知道人類為什麼哭、笑、睡，甚至不知道一般的麻醉是如何達成。[2]當我們望向夜空，又更能感受到自己的無知。據天文學家估算，僅僅是銀河就有大約一千億到四千億顆行星，其中的太陽相對而言並不巨大。這還不算多，因為在已知的宇宙範圍內就大約有二千億兆顆行星。[3]若把人類的已知與未知放在天平兩端，哪一端會下沉？答案很清楚。

除非能容忍不確定性，否則人類知識範圍竟如此有限，思之怎能不焦慮？

不能忍耐不確定性，就好似過敏。對不確定性沒有耐受性（亦即過敏）的人卻碰上了不確定性，就會出現強烈反應——擔憂，還會設法遠離、逃避、消弭不確定性。[4]不確定性耐受度極低的人可能出現更嚴重的反應，可能會耗費大量時間、體力、心力去不斷重複某些行為，因而產生壓力與焦慮，並受困於其中。

不確定性過敏

比爾．威爾森（Bill Wilson）是匿名戒酒會（Alcoholics Anonymous）創辦人之一，曾因酒癮接受威廉．西爾沃斯（William D. Silkworth）醫師的治療，醫師告訴威爾森，他對酒精有「過敏反應」。他只要喝了一杯酒，就停不下來，直到醉倒或被送醫。

西爾沃斯醫師拿花粉熱來比喻長期酒精成癮，一個人原本不曾對花粉敏感，卻年復一年逐漸變得過敏，終於暴發成花粉熱，只要環境因素存在，就會繼續發作。[5]同樣的道理，許多人也對不確定性過敏。某些人的過敏可能逐漸惡化為一種強迫症，本章將進一步討論。

你若不幸有花粉熱，可以避免接觸花粉或服用抗組織胺；酒精成癮者則可以戒酒。若是對不確定性過敏呢？不確定性無所不在，令人躲無可躲，對它的過敏也才如此複雜。

面對不確定性的反應方式之一就是「憂心忡忡」。我們在第三章討論過，憂心忡忡的人一直擔憂未來的事，藉此占據心思，免得必須思考現下的不確定有多嚴重，他們的擔憂只是為了逃避真正令人無法招架且痛苦的情緒反應，結果不但沒有緩解焦慮，反而加重焦慮。

其他可能被用來緩解不確定性過敏症的行為包含以下：

- 過度尋求他人的寬慰。
- 列舉長篇、詳盡的待辦事項清單，有時一天就有好幾張清單。
- 反覆打電話給親友「確認」他們安好。
- 反覆做檢查，例如發電郵之前反覆檢查多次，確認寫得完美。
- 拒絕把工作託付給他人，不允許同事或家人做某些事，因為你無法確定別人可以跟你做得一樣正確。
- 拖延或逃避。[6]

典型的憂心忡忡者

瑪德蓮六十三歲，剛退休不久，已經離婚的她住在曼哈頓上東城的租金管制公寓。雖然住在令人稱羨的地區，卻沒有太多收入，繼續住在紐約是因為孩子們住在附近的長島，而且她對地方社交活動也參與甚深。

但她卻患有嚴重的廣泛性焦慮症，無法控制的擔憂各種狀況，也有明顯的壓力症候群，例如呼吸急促、肌肉疼痛、專注力缺乏，以及疲勞。瑪德蓮可以說是最高等級的憂心忡忡者。

瑪德蓮的孩子有後院泳池，她能連續數日擔心孫子溺斃。新冠疫情期間，她日日擔憂自己的健康，即便接受疫苗注射，還打完所有追加劑，依然成天擔心到肌肉緊繃，導致夜不成眠。

真正讓瑪德蓮受不了而前來求診，是因為鄰居說她住的公寓已經失去租金管制資格。若無租金管制，她就無法負擔而必須搬家，這是她甚至不曾想過的可能性，因此無比恐慌。瑪德蓮發現一件她從未想過的事情原來值得擔心，這可能帶來的威脅與憂慮何其多。她愈來愈恐慌，擔憂著所有的不確定性，每天都感覺無比焦慮。

她來到診所，期望我告訴她一切都會沒事、她擔心的事情不可能發生、現實狀況不像她擔心的嚴重，但是，我沒這麼說，因為我不能這麼說。

我告訴她：「你擔心的每一件事情都有所本、都可能發生，不僅如此，你是否想過，你今天回家搭電梯就有可能被困在電梯裡。你使用網路銀行，帳號可能被駭客入侵。你面對的現實就是：**任何事情都可能在任何時間出錯。**」

瑪德蓮狠狠瞪我一眼。「你為什麼要讓我的焦慮更嚴重？」

我說：「那不是我的目的。我是想告訴你，人類能知道的事情有極限，即便是下一個小時要發生的事，我們也不可能知道，更別說明天、下個月，或是一年以後。我想幫助你接受生命無常的事實，別跟事實對抗。」

瑪德蓮起初無法接受，只覺得更焦慮。在最初的諮商過程中，她一度對我感到憤怒，但隨著談話繼續下去，她也慢慢意識到，她偶爾情緒平靜時，也曾想過該接受不確定性，此外，她也確實無從反駁我說的事實，最終她不得不承認，人類所知有限、不可能預知未來，這就是人生的現實。

三個選項

乍看之下，眼前只有兩個選項可以用來應付隨時可能發生的意外慘事。

選項一：當個鴕鳥，把頭埋進土裡，假裝這世上有確定性。好處是不必老是想著不確定性，壞處則是：不切實際。鴕鳥遲早會受到現實逼迫，而且會因為無力應對而暴發高度焦慮。

選項二：隨時謹記生命的不確定性。這雖然正確，但代價也高。一個人時時意識著生命無常，等於被宣判終生恐慌。確實，焦慮症狀可能隨著不確定性而等比升高。生活若毫無篤定可言，那也太令人緊張，很可能因此動彈不得。

所幸，還有第三個選項：**人可以憑藉焦慮讓自己成長**。

選項三：要知道人會擔憂，就是自己正在提醒自己「生命無常」。雖然不確定性過敏症會導致焦慮，但不確定性本身不必然是焦慮或苦惱的原因，只要認清自己不過是凡人，不可能無所不知，也不需要無所不知，就可以把焦慮變成助力，還能幫助自己培養謙遜的美德。如此透過焦慮把生命活得更有意義、更充實，也更平靜，同時也可能培養其他美德，例如在遇到延遲狀況的時候培養耐心，以及對自己擁有的事物心懷感恩。

經過一段時間，一向訴諸選項二的瑪德蓮逐漸學會接受上述概念，焦慮也大幅減輕，雖然在很多方面依然是個憂心忡忡的紐約客，但生理症狀已經從嚴重降低到中等，晚上也終於能入眠。

瑪德蓮在諮商後發表心得說：「我來做精神治療，希望找到確定性，讓自己恢復平靜。現在我了解我並不需要絕對確定性，也不再覺得那麼焦慮。」

大學焦慮

法蘭克是高三生，因為進大學的事而焦慮。在進行諮商之前，他以選項一來面對焦慮。他採取消極作為，自以為無論他的條件如何，都可以進入自己選中的大學。父母和輔導老師建議他想清楚自己要什麼、做好規劃，並且要再用功些，但法蘭克就是不理睬。直到他的朋友們（都十分用心於課業）一一收到入學通知，而他卻連一次面試的機會都沒有，他的焦慮上升到恐慌的地步，這才了解自己的鴕鳥心態實在無濟於事。

法蘭克和我討論他為何採用選項一，他說不想神經兮兮的時時擔憂，他姊姊瑪芮玻就是選項二，她進入了夢想中的大學，卻付出高昂代價，因為嚴重的焦慮症而必須服用藥物。法蘭克不想跟她一樣，不想瘋狂的努力用功。

我建議他採取選項三，要意識到焦慮只是提醒我們生命無常。法蘭克可以務實看待生命中的不確定性，他可以在用功的同時意識到未來仍有許多未知。他不必跟姊姊一樣，但也不需要變成選項一，我說：「你得找到一個中庸之道。」

法蘭克做到了。他了解自己必須更用心一些，首先跟輔導老師一起擬定計畫，務實的選擇了幾所大學，然後開始撰寫申請學校的論文。即便做了這些努力，法蘭克也了解生命依然無常，壓力尚在可控範圍內，他也繼續投注更多心力，最後進入其中一所大學，並真心感到快樂，也不會因為未來仍有不確定性而焦慮。反觀他姊姊，雖然就讀理想大學，卻無法快樂。

孕期焦慮

露比與丈夫布萊恩經過五年的挑戰與焦慮，歷經多次體外人工受孕與流產，終於成功懷孕並已度過前三個月。

可以理解的是，露比對孕期能否持續感到相當焦慮，雖然因為第一次成為母親而興奮，卻不免日日緊張與擔憂胎兒是否健康。寶寶發展的狀況如何？我的身體是否有力量讓他足月，並順利生產？露比還擔心布萊恩，擔心他們的婚姻，有了寶寶是否能讓我們更親密？或者像某些夫妻，一旦成為父母，每日照顧新生兒的壓力變得沉重，我們的心理和身體的距離會不會變遠？

露比採取的是選項二，她面對不確定性的辦法就是時時注意生活中可能出錯的地方。她的責任感過度膨脹，覺得自己應該做得更多，到了不切實際的地步。她要避免任何可能危害寶寶的事，她若沒做好萬全準備、全然掌握她和寶寶的健康狀態，一旦出錯就都是她的責任。

我告訴露比，再多的擔憂或準備都不足以完全保護她的寶寶或婚姻。就如先前所說的，先想想所有你確知的訊息，再想想你不確知的訊息，後者顯然遠遠多過於前者。

我也向露比解釋，知識和最終結果之間並沒有顯著的關聯。我說：「老實說，谷歌搜尋結果大概對你的寶寶沒有多大幫助。」露比這一向以來全心執行選項二，聞言簡直嚇壞了。但隨著我們討論愈多，她反思愈多，也就愈能接受選項三的真理，而後逐漸平靜下來。最後，露比產下健康的小男嬰，孕期結束的她也平靜許多。

她在後續的諮商期間告訴我：「剛開始生的時候，我完全嚇壞了！後來收縮現象又快又劇烈，我才意識到生產過程完全不是我能控制的。我想到我們的諮商，還有你告訴我的話，就專心想著人力總有不及之處，不必太在意。有些事情就是不在我的控制範圍之內。後來我就不再胡思亂想，專心生產。」

疑病

人在這個高度不確定的世間生活，卻在精神上需要確定性，難免不焦慮，最直接的表徵可能就是強迫症。在十九世紀，強迫症被稱為「疑病」，是很適當的名稱，因為強迫症患者恆常處於懷疑狀態，不斷重複執行眾多「預防措施」，既痛苦又從未真正解除疑慮。

像強迫症患者這樣滿心疑慮的人，不免會設法尋求絕對確定性，但這是不可能的任務，畢竟世事無常。所以，強迫症患者便不斷確認自己是否做錯了什麼，想杜絕壞事發生。

我有一位患者傑瑞非常介意細菌，只要是別人碰過的任何東西，他就不敢碰，這還是在新冠疫情之前。他的論點是：你無從確知是否有汙染，為何要冒險呢？

我跟他一起看的一些數據指出，排泄物的痕跡幾乎無所不在。這起初使得傑瑞更加焦慮不安，畢竟他就是想全然確定不會被感染。所以，治療的第一步就是幫助他了解生命必然存在著不確定性，確定性永不可得。我告訴他：「如果你要的是確定性，你就錯來了人世。」一旦他能領悟，生命就能繼續向前。

強迫症有兩個成分。第一是「執念」，是令人痛苦卻無論如何揮之不去的念頭。與執念相關的常是焦慮，有時是嫌惡感，又或者是完美主義，但一律都無法容忍不確定性。此外，這些念頭本身經常不合理，患者本人都不見得認同，但就是無法不執著。

執念經常導致過度膨脹的責任感，就如露比在孕期的經歷。患者的責任感遠遠超過合理程度，並引發焦慮。他們認為，若不設法確定接下來會發生什麼，萬一真出了錯，那就是他們的責任，因此不斷設法降低不確定性。

某些患者腦中反覆出現性或暴力，就覺得必須盡力摒除。事實上，心理科學已經發現，人們腦中偶爾出現暴力或性相關的想法，其實很普遍。[7]多數人一旦意識到，就盡快拋開想法，也不做多慮。但強迫症患者卻將之解讀為危險訊號，產生執念，擔心自己可能真的採取行動，那就是最初不曾立刻糾正自己才鑄下的錯誤。他們不斷擔心自己可能會傷害他人，或是做出不道德的行為，導致可怕的災難。

強迫症的第二個成分是「強迫行為」，是為了安撫執念造成的焦慮，而不斷重複某些行為。[8]例如，幾年前我有一位二十出頭的患者賈許，他不斷擔心家裡插頭沒插好而引起火災。現在的極化插頭與插座幾乎沒有這種可能性，但他的執念就是：你哪能確定？因為這個執念所造成的焦慮，賈許每天出門前都會檢查所有的插頭，確保每一個都安全插好。

問題是，他五分鐘前就已經檢查過一次，五分鐘前的三分鐘前也檢查過一次，卻還是擔心有遺漏。他其實知道插頭都好好的，並不真的有火災風險，但他依然回頭多次檢查確認，因此經常遲到，睡眠狀況也不好，因為他晚上經常再度檢查，就擔心自己睡著之後可能發生火災，那就都是因為**他沒有做好檢查，是他的錯**。

其他強迫行為包含過度洗手除菌、設法以不具威脅性的影像取代腦中令人不安與痛苦的影像，或是過度執行宗教儀式，藉以創造安定感。問題是，強迫行為只能短暫降低患者的執念與焦慮，之後總是會重新出現，強度還更勝過往！患者愈是執行強迫行為，執念與焦慮就愈嚴重。強迫行為造成患者無法去做真正有幫助的事：認清並容忍生命中的某些事情就是沒有確定性，身為人類也完全無法改變這個事實。

基於以上所述，治療強迫症的第一步就是幫助患者容忍不確定性，平靜的接受人類知識的極限。在現實中，的確有可能因為電線走火而燒毀房屋，細菌也的確無所不在，就如近期的慘痛經驗所示，細菌可能會傳播難以控制的疾病。有時確實有人將腦中的暴力念頭或衝動付諸實行，就像美國社會頻率驚人的槍擊濫殺事件。不過，上述狀況的頻率都遠不及強迫症發生率。

面對不確定性，反覆執行矯正的行為無濟於事，而且還會令人更加無法容忍不確定性、更憂慮、更焦慮，長此以往也會有更深的執念。

肇事逃逸強迫症

「肇事逃逸」其實並不罕見。就如名稱所指，即便沒有證據或跡象，患者也會執著的想著自己是否撞到、甚至撞死行人、孩童、單車騎士，或是動物。許多患者會回頭反覆巡視同樣的街道，或是隔天檢查報紙有否刊登自己開車經過的地區發生肇事逃逸事件。即便根本不曾感覺到或聽到自己撞到什麼，也反覆檢查車子是否有凹陷或血跡。他們在行人眾多的街道經常開得特別慢，也會避開夜晚時段或壅塞地區，甚至因為執念而不再開車。

馬爾寇正是因為肇事逃逸強迫症前來求診，他的恐懼就是來自於過度膨脹的責任感。如果他撞了人，任由他們死在路上，那都是他的錯。馬爾寇深信：「生命無常，必須加倍努力。」我很堅持的說：「不對！生命無常，句點！沒有後半句。生命無常不是你必須加倍努力的原因，而是教導你接受人生的不確定性。」

起初我建議進行第三章所述的暴露療法，但馬爾寇斷然拒絕開車去人潮眾多的地區。

我意識到必須先退一步，便跟他談談：人不可能總是確知一切，必須接受身而為人不可能確知浩瀚無垠的知識，必須以謙遜的心認清人類知識量的極限。等到做好認知準備，才開始接受暴露療法。**他就當自己正在培養謙遜之德，是一場靈性冒險之旅**。在開車的過程中，他學習放下，不再需要絕對確定性，也學著認清自己終究是凡人。

我們開始討論不確定性不到一週的時間，馬爾寇就進步到可以在尖峰時刻的曼哈頓街頭開車，面對大量的車潮與人潮。他甚至接受我的挑戰，在早起沒喝咖啡的疲累狀態去開車，也在有心事的時候開車，最後都不曾回頭檢查路上有沒有屍體！馬爾寇如此一點點卸下過度膨脹的責任感，在過程中也逐漸變得更堅強。

人類掌控範圍有限

到目前為止，我們已經討論到人類知識範圍有限。我們知道，承認自己所知有限，起初可能更加焦慮，若能放手、不去承接所有的責任，就會如釋重負。本章後續將討論一個更令人害怕的事實：**人類掌控範圍有限**。

所幸，只要能認清這個人生面向，不再因為任何事情出錯就責怪自己，焦慮就會大幅下降，也能更懂得謙遜之道。

啟發我深入了解暴露療法的巴爾羅醫師對「掌控力」的理論影響甚深。他在一九八八年出版的《焦慮與相關症狀》（*Anxiety and Its Disorders*，暫譯）至今仍是臨床研究人員必讀的焦慮症學術著作。巴爾羅醫師將此書獻給他的孩子，寫道：「但願你們的掌控力永不幻滅。」我猜想他或許只是想幽孩子一默，但他也分享了兩個關於人生的重要觀點：第一，人類對生命的掌控其實是幻覺，第二，維持幻覺不滅也是免受焦慮之苦的方法之一。

然而，就如人類的知識範圍有限，人類的掌控範圍也有限，所以第二點的問題在於，幻覺極可能被戳破。我們早晚都要被迫面對事實，知道自己天生就沒有能力掌控身邊一切。若未做足準備面對事實，就可能導致焦慮的結果。

精神導師與暢銷作家佩瑪．丘卓（Pema Chödrön）就曾寫過人類無法掌控生命中的事物，她的卓見是，人一旦認知到自己原就無法掌控一切，就能成為靈性戰士，此戰士非關殺戮、不具侵略意圖，只是在情緒、靈性的層次具有堅強韌性，可以面對生命的無常。

> 戰士了解人類永遠無法預知未來。我們可以試圖控制那不可控的事物，尋找安全感與

確定性，追求舒適與安全，然而，人不可能永遠不遭遇失控的局面，這既是生命的冒險，也是恐懼的來源。9

我認同這些看似矛盾的感受。一方面，意識到自己沒有掌控力，必定因而恐懼。另一方面，一旦能接受「安全、安定、確定性」無異於鏡花水月，在幻覺被生命戳破之前先主動接受事實，必能成為更堅強的人。

反西方文化

上述想法與西方文化信奉與傳承的理念背道而馳。數年前，我曾對哈佛大學學生演講，我首先問了幾個假設問題，例如：「在座各位有誰決定了自己是否要出生？生在何時何地？如果你生在另一個世紀，你的生命是什麼模樣？如果你不是在美國受教育，而是在俄羅斯、日本、剛果，或是斯里蘭卡呢？在座有誰能主宰自己生來具備多少智能或體能呢？還有你的財富環境？如果你是十七世紀的美國原住民，生命是什麼模樣？」

我接著說：「你確實能對世界有某種程度的作用力，生命若給你機會，你也能發揮相當的影響力。但是，讓我們以理性誠實面對，承認我們其實無法主宰自己在人生中將體驗到什麼，或是能否對世界有所貢獻。時間、地理位置、文化、家族、朋友、智力、社經地位、個人財富，這些都不屬於人類的選擇範圍，而其中任一因素都可能對你的人生產生全面影響。」

語畢，我凝視著眾人茫然的臉龐，現場一片靜默。沒有人出聲，甚至沒有提出任何問題！我一方面自豪能夠讓一群哈佛學生無言，同時卻為他們感到憂慮，因為我發現在場的人幾乎都不曾想過這些可能性，年紀尚輕的他們何曾意識到自己其實不能掌控世界。

演講過後回到家的那晚，我思考著這些學生有可能處於危局。臨床經驗告訴我，若不能知道自己並無掌控力，對情緒的危害可能相當大。雖然他們都聰明、能力過人，且一向習於獲得成功與成就，但是，萬一遭逢到無力回天的境遇，他們會如何回應？會有什麼感受？

我擔心他們會自責，即便已經盡其所能，仍怪自己不夠堅強、沒做好準備，責怪自己失敗。我希望他們能知道，儘管能力與努力都已付出到極限，有時世事就是不從人願，這不必然是自己的錯。

世人常說到愛迪生的一句名言：「天才是百分之一的天分，加上百分之九十九的努力。」[10]這是西方教育體系宣揚的哲學，從某個角度來說，這個觀點令人佩服，因為它彰顯了努力與耐力的價值，但愛迪生卻不知道，天才、創新、成功，不見得是人類努力的成果，而是隨機應運而生。

努力不完全等於進步。除了人的努力之外，請想想還有多少因素可能導致成功或失敗的結果。許多人掙扎多年，甚至數十年，都無法達到目標，卻也有不少人直接繼承或意外獲得勝利果實，而他們本身的作為只是徒勞，甚至是攪局。

此外，一個人有可能在某個領域成就斐然，在他處卻舉步維艱。愛迪生本人就是個例子。早在他七歲的時候，因為他處處質疑、自我中心，導致老師認為他有智能障礙。[11]他小時候曾經放火燒了父親的畜棚，因為他要進行火的實驗，他自己差點也送命！[12]如果他當時不夠幸運，那麼他所有的努力都是枉然。也就是說，事情能出錯之處實在太多，非人力可改，現實中總有人無法掌控的因素存在。

把努力視為成敗唯一因素，還可能有另一層憂慮。之後在第九章也將討論，一個情緒穩定的均衡人生所需要的基礎，除了專業成就與個人潛能的實現之外，還需要與自己、他人的情感關係。一心堅持努力工作，無暇照顧自己或建立情感關係，終究不是長久之計。

值得一提的是，愛迪生的孩子們口含金湯匙、成長於富裕環境，卻出現沉溺於酒精的問題，其中一個兒子的行為實在太反常，愛迪生甚至花錢請他改變姓氏，以免家族蒙羞。[13]過度投入工作、以為努力就是成功最重要的成分，有可能導致災難性的後果。

被成功詛咒與被失敗祝福

我的職業生涯發展至今，治療過的焦慮症患者已不及備載，但毫無疑問的，其中最困難的案例都有以下特質：患者都非常聰明、富裕、相貌出色，經常還是著名人士。甚至更常見的共通點是：患者的父母都非常聰明、富裕、相貌出色，而且是著名人士。就情緒與行為健康而言，「成功」何以是如此嚴重的詛咒？

尼克經營家具事業致富，他出生於大家族，具有體育天賦，曾是業餘網球賽的州冠軍，在四十五歲左右，他罹患罕見的自體免疫疾病，導致體重飆升，影響到工作能力、身體健康，與體育活動。

突如其來的失衡使得尼克無法招架。成功的事業是他認為能夠掌控的領域，但健康危機卻讓他意識到無論付出多少財富與努力都無法逆轉頹勢。他增重一百五十磅，無法再打網球，最後甚至連行走與活動都有困難，且因無力回天而產生結束生命的念頭。

尼克之所以度過危機，是因為他前往麥克林醫院（McLean Hospital）接受醫療團隊的治療，我也參與其中，並引導尼克理解人類其實無法依靠手中資源去控制生命，他也逐漸獲得從容與自由。

尼克原本認為他的成功是因為後天的努力不懈（就如愛迪生所說）。在他經歷健康危機之前，他一直非常緊繃，自知不是個好相處的人，把時間都用在工作與運動，很少陪伴家人，慣常忽視他的三個孩子，就算跟孩子在一起也經常發脾氣，此外他還背叛妻子，大多是因為他時常離家出差，最後便將性能量發洩在他根本不愛的女性身上。所以即便他獲得財富報酬，實際上並未過著健康或均衡的生活。

健康危機暴發之後，尼克突然醒悟了，他意識到無論多努力工作都無法保障成功，因為疾病隨時可能襲來。他得出了正確的結論：他的成就無關乎他的創見或努力，而是因為愛他的妻子與家人的支持、健康的身體，以及他所在的國家環境可以允許創業者在條件良好的情況下累積財富。

最重要的領悟是人的成功包含了許多幸運因素。他確實曾多次遭遇失控的狀況，若非天時地利的因素都恰好存在，他不可能如此成功。如此謙遜的態度讓他的人生開啟新的一頁，他終於知道，相較於財務成就與陳列架上的獎盃，更重要的是他與家人的關係，以及他的人格。

尼克開始處理重度憂鬱症，與家人重修關係，並追求生命中更重要的價值。尼克如此總結他的心理治療：「我會盡我所能，但也知道我不能掌控一切，我會接受這一點。我要盡可能享受與所愛之人的感情，不能只當個工作狂，因為生命中還有比工作更重要的事。」

所以，毫無疑問的，尼克的自體免疫疾病其實是上天給的祝福。

從象牙塔到真實世界

我對哈佛學生的演講讓我重新回顧當初成立焦慮中心、實現夢想的奮鬥過程。在學術世界的象牙塔中，我有許多高難度的工作，但多數都是可控管、可預測、相對低風險的工作。學者總愛看人費盡周折去克服困難：我的教授們制定種種標竿來評量我的表現；我的系所也同樣以各種考核制度定期檢討我的工作；還有同儕評分也要求我的論文在發表之前必須先符合某些標準。但整體風險依然相對較低，因為教授不喜歡看到自己的學生失敗，系所需要有教職員進行教學與研究，而編輯們也需要足夠的學術投稿來填滿刊物的篇幅。因此只要堅持下去，最終都可以看到某種程度的成功，身為學者的我雖然經歷了相當的挑戰，但我的風險容忍度也十分足以應付沿途的風雨。

然而，當我前往紐約創辦焦慮診所，同時維持波士頓的教學與研究工作，我突然栽進了真實世界，不奮力游泳就會溺水。我此生首度面對具有真實風險、不可控的困境，以及有實際影響的後果。就如序篇所描述的，我的策略是乘浪前行，更加好好照顧自己，與妻子與精神導師深談，因此得到我需要的支持力量，去因應此生未曾遭遇過的高度不確定性。

但還有另一個關鍵因素，先前我並未提及。起初我眼見諸事不順，就開始自責。我怎麼會笨到去另一個城市開辦焦慮診所？但我很快就意識到，紐約的診所能否成功，其實遠超過我的掌控範圍，情勢能否順利發展，不見得是我的努力或決策能力足以左右的。

當然，我必然在能力範圍內竭盡所能，跨越舒適圈，使出渾身力量。後來我的焦慮減輕，是因為意識到一個簡單的事實：可能有患者前來求診，也可能沒有。市場現況就是市場現況。成果無論好壞，我的努力並非唯一因素。這個領悟為我帶來莫大助益。

確實，這是令人難以接受的現實，想到我的無力，當下的確更加焦慮。然而，一旦理解了**人力與成果之間並非等號**，接下來的每一天，我都能多些沉著，少些自責。

法則 7：將努力與成果脫鉤

先前曾討論過，有些人時時擔憂，目的其實是逃避面對事實——生命中無法預測且無法控制的事實。「時時擔憂」令人錯以為自己有掌控力，當壓力與挫折出現之際，就很容易陷入自我批判。人在事情出錯的時候，總是傾向於怪罪自己。

所以，如果你正在擔憂某件事的後果，可以藉機了解：**生命的必然成分就是不確定性與不可控性，你不能預測或控制未來，並不是你或任何人的錯**。那只代表了你是人，人的知識與能力本就有限，不見得能影響世上發生的事件。

所以請想想，人的努力固然重要（第九章將會討論），終究無法完全左右生命的結果。事實就是：在任何情況中都可能發生無數的事件，因而擾亂了原本在你的意圖與行動之下應有的結果。

這項法則就是**讓努力與成果脫鉤**，你需要認清事實：**你在生命中的所作所為，或許能、也或許不能，帶來你想要的結果**。

即便如開燈的簡單動作也可能出錯，開關可能沒搆到連接的電線，電路可能損壞，保險絲或燈泡可能燒壞了，還有其他毛病可能發生，這一切都跟你啟動開關的**能力無關！**

同樣的，從座椅起身的動作也可能遭受未知或不可控的因素影響。椅子突然垮了，你的肌肉與韌帶的運作不如預期，或是氣壓或引力突然改變，都可能讓人無法起身。縱然有點誇張，但都有可能發生，而且都在人力可控的範圍之外。

若日常如此觀察，就能發現事實其實很明顯。印度教聖典《薄伽梵歌》亦言道，人們該專注的不是行動的結果，而是行動本身。[14]

為此，你可以每日一次，在進行日常活動時，稍事思考你正在付諸的行動或許無法達到你期望的結果。

例如，你要開冰箱拿牛奶配早餐麥片之前，先想想：冰箱門可能打不開、冰箱可能壞了，牛奶也可能沒了或餿了。然後再想想：這些可能性都無關乎你是不是個有用的人，有時候情勢就是不受控。世事難料！

虛心接受自己不過是凡人，並意識到人的知識與能力天生就有限。只要心懷這樣的領悟，焦慮就是自我成長的助力。

第8章 接受自己的極限

焦慮能幫助你接受自己的知識與掌控力有限

我們在第七章學到，人覺得所知有限、無力掌控的時候，經常就會產生焦慮，這指出了對不確定性缺乏耐受性。先前討論到人常以兩個方式面對不確定性：假裝自己有足夠的知識與掌控力，或是永遠生活在恐懼之下。之後也討論了第三個可以藉焦慮成長的方式：感到焦慮的時候，就利用機會看清自己只是遭遇了人類知識與掌控力的極限，告訴自己**這不是壞事，只是生命的現實**。如此還能培養謙遜的美德，並因此緩和焦慮，因為你意識到自己只是個人，總會碰撞到知識與能力的極限。當情勢變得不確定或無法掌控，並不是因為自己或世界哪裡出錯了！

本章將討論如何內化這些領悟，不僅認清自己所知所能有限的事實，同時也接受這個事實。人終將面對不樂見的情況，必須有心理準備。著名的〈寧靜禱文〉（Serenity Prayer）就祈求天助：「接受我無力改變的事、勇於促成能力所及的改變，並有智慧理解此二者的差異。」寧靜的態度來自於全然接受人力不可撼動的事物，再怎麼不樂見亦然。

在此提醒讀者，本章內容或許不易下嚥。深掘內心、準備接受不幸的結果，都可能心生痛苦，然而，你試著在內心想像與接受世間的悲慘，就能培養堅韌心性，生出更多勇氣去面對生命挑戰。此外，在接受人類的極限之後，也能藉由世上最普及的信仰行為（祈禱）與超凡的靈性產生連結。

威脅之不可避免

艾琳前來求診時，已結婚六年，有兩個幼小的孩子。因為癌症家族史，她罹患了嚴重的健康焦慮（慮病症），不斷上網搜尋醫療資訊，也不斷換醫師看診，只盼確認自己沒有癌症。雖然精神治療讓她意識到自己的知識與掌控力有限，無論檢查多少次，都無法確知不會罹癌，但她依然過不去，她說：「我不要得癌症！」即便知道不能保證，但因為沒有醫師能承諾她會一直健康下去，她依然被焦慮所苦。因此，艾琳合理化自己搜尋醫療資訊以求分心的行為，這樣她就不必接受自己沒有掌控力的事實。艾琳實在難以接受她可能生病、終究無能為力的事實，所以不難想像她會需要透過某些行為來占據心思，藉此減輕壓力。

大約同一時期，我也治療一位奧林匹克鐵人三項選手澤蘭娜，她來電的時候處於恐慌狀態。澤蘭娜近幾年的專業生涯發展十分順利，訓練雖辛苦卻有進展，身為媒體寵兒也讓她有機會幫助有需要的人。澤蘭娜喜歡去地方學校演講，感覺對自己成長的社區有所回饋。只是，她母親的事業近期大幅虧損，使澤蘭娜憂愁不已。就如其他奧林匹克選手一樣，處於職業生涯初期的澤蘭娜收入並不豐厚，雖知終究會改善，卻擔心母親在這之前已經破產。她成日擔憂母親的財務狀況，憂鬱的程度使她無力顧及生活的其他層面。身為奧林匹克選手所接受的訓練，曾使她理解人的知識與掌控力有限，但她實在無法忍受母親可能破產，因此幾近崩潰。

每個人都有自己的壓力源與敏感處，屬於天生的心理素質，我們可以稱之為「痛點」。人都想逃避自己特別害怕的壓力因子，一旦被觸動就會陷入焦慮。痛點常因生命歷程不同而不同，有些人焦慮的是健康問題，有些人是錢財與事業，還有人是家族或宗教，特殊生命背景使人特別重視某些領域。若出生在重視學業成就的家庭，只要成績不好就可能崩潰，卻認為健康或金融市場的問題不足為慮。年幼時期就經歷父母罹癌辭世的人，可能非常在意人身安全與健康，卻不太在乎成績拿到丙下或銀行帳戶沒錢。成長期間看著父母錙銖必較、買什麼都要問是否值得，這樣背景的人可能極度重視財務狀況，卻不顧自己的健康。每個人都會對某些事特別敏感，不願想到這些事。一旦這些痛點被啟動，就會陷入極端焦慮的狀態。

懇請你面對現實：你的痛點必然會被觸動。在生命的某個時刻，確定性與可控性的表象終究會被揭穿，你若沒做好心理準備，就會陷入焦慮，被突現的深淵驚嚇到極致。生命總能將我們帶入必須直視痛點的情勢，這種威脅必然出現，無可避免！有些人稱之為人間試煉或當頭棒喝，我們也確實能得到許多關於自己、他人，以及這個世界的領悟。你很難躲過在某個人生階段遭遇令人愁苦的事件，並因此陷入焦慮。我們走在人生路途上，不知何時就必須在自己最重視的領域面對嚴峻挑戰。

威脅真的不可避免嗎？

上述威脅是生命不可避免的一部分嗎？是的。毫無疑問。確定性與可控性完全是幻想。假裝痛點不會受到威脅，也同樣是幻想。事實上，人在某個時間點將會感受到威脅與驚恐，這幾乎是必然。

我們做體檢的時候，大約已經知道自己不能控制檢查結果，內心必會感到不安（也就是焦慮）。當我們走在路上、使用網路銀行，或是吃晚餐，同樣也無法控制當下情況，我們卻不放在心上，也不覺得有必要控制情況，但只要稍加思考就能清楚看到，不知有多少因素可能在任何時間打斷日常生活，並可能衝擊到我們的後半生！

癌症與財務困境這兩個常見的威脅，相較之下只是冰山一角。如果發生網路攻擊，導致全國停電數週、數月，或長達一年呢？或是重要衛星系統毀損，導致網路通訊全面中斷？甚至是太陽閃燄、行星撞地球，導致如同六千五百萬年前滅絕恐龍的嚴冬氣候？因為經濟與農業全球化，任何區域發生小規模核武衝突，都可能影響全球食物供應達數十年之久。我們已然見證一個區區幾奈米的新病毒能造成什麼衝擊，若是再出現一個更具傳染性、致命性更高的病毒呢？

我們必須面對現實。上述威脅隨時都有實際發生的可能，而且某種程度上已經在人類歷史發生過，當時竟未造成更可怕的災難，想來豈不神奇？老實說，人生在世不僅無常、不可控，甚至很危險。相對的安全與安定可能隨時就被許多因素破壞，所謂安全、安定不過是煙霧彈，物質世界中唯一可確定的，就是它既不恆常也不安全。

讀者讀到這裡若感到焦慮，那就對了！焦慮可以幫助我們認清自己的知識與掌控力有限，同時也能知道自己不見得安定或安全。乍聽雖令人膽顫，但只要堅持下去，接受自己原本就沒有安定可言，你就能獲得解放。

以下是筆者每次上飛機都會做的練習。首先，當我從空橋跨上飛機，我就摸一下機身，然後想著在接下來的四十分鐘左右，我剛剛踏入的鋁合金長管就要開始危險的旅程，在離地三萬五千英尺的高度，以五百英里以上的時速前進。接著，在入座之際，又想著身為乘客的我，從起飛到降落的全程，都對飛機毫無掌控力。最後，繫上安全帶時，我試著去接受：飛行途中任何可能降臨在我身上的命運，都遠超過我的掌控範圍。畢竟為飛機擔憂並非乘客的職責，就讓我享受一下把擔憂讓給別人的感覺吧！

一旦放棄了你誤以為有的安定與安全，理解到任何時間都可能發生任何狀況，痛點也可能因為不可控的狀況而被觸動，一旦能接受這個事實，在應處任何壓力之際，就能多些沉穩、少些焦慮。這個原則可以幫助我們做好心理準備，去應對幾乎任何遭遇。而且，因為生命本就無常，我們更須接受事實，自己總有一日會因為焦慮而苦！當你能接受事實，並了解到自己有時有些緊張焦慮也無妨，反而能弔詭的不再那麼焦慮。

設想最壞狀況的靈性益處

「往最壞處設想可以令人平靜」是反直覺的說法，若說這還有靈性益處又更加反直覺。靈性思維畢竟被認為是振奮人心、正面、樂觀的性質，然而，以接受事實的態度去接受不確定性，我們就更能以謙遜、耐心、感恩、堅韌的心境面對生命的壓力。人間試煉場確實總能巧妙的鍛鍊人類的美德，因為生命困境可以幫助我們降低期望值、提高忍受度。在心理上準備好接受自己缺乏掌控力，就能將自己對生命的期望降到最低，這是件好事。當我們預期會遭遇重大挑戰，就不至於理所當然的認為生活應該永遠安全無憂，反而更能以感恩的心去看待自己擁有的資產與順境。

當我們思忖可能遭遇的逆境，除了變得更謙遜、感恩和堅韌之外，亦有助於培養對超凡境界的信仰。緣由如下：我們均已習於依賴物質世界的支撐力量，例如金錢、政府，或社會機構。若能接受世事無恆常，往往能啟發靈性意義的思辨，例如關於超凡的力量。更重要的是，超凡的信念並非是強行正面思考，並違背事實偽裝自己掌控一切，其核心意義是認清人力不能主宰一切，並內化這個事實，從而真正感到快樂，但首先必須完全放手、臣服，接受自己不過是凡人。本章後續將再討論這個主題。

準備好應對威脅

當威脅無可避免，明智之舉就是做好心理準備，在威脅實際發生時，才不會失去重心。怎樣才能做到呢？

筆者在第三章討論過柏寇維博士的創見，他曾剖析「憂心忡忡」的現象。在此略為回顧，憂心忡忡是一種認知進程，它弔詭且反直覺之處在於，人利用它來逃避現實，避免去面對最深的恐懼。憂心忡忡的人專注於淺層的恐懼，維持在一種低度焦慮狀態，藉此逃避更可能導致災難的憂慮，免去立即性的嚴重焦慮。憂心忡忡使生活充滿慢性、持續的焦慮，就像身上纏一條永遠拉扯著皮膚的繃帶。

相較之下，若能思考並最終接受了災難的可能性，雖然暫時會導致焦慮加劇，之後卻終究會更平靜與平和。就像你終於動手扯去了繃帶！認知行為治療（cognitive behavior therapy）是透過暴露療法來達到這個目的，接受此療法的患者以更高的強度、更具體的細節來思考與描述令他們擔憂的事物，藉此加速逃離焦慮。我們請患者設定三十分鐘的憂慮暴露（worry exposure），每天在同一時間、同一地點進行，在這段時間任由自己處於強烈、可怕的憂慮之中。患者以第一人稱現在式把憂慮寫下來，然後反覆朗讀，直到引發令他們顫抖的焦慮。其目的是去習慣最壞的設想，最終能接受事實：我心中最深的恐懼確實有可能成真。

例如不斷想像罹癌災難的艾琳，我請她每天都用力想一想，即便她極力避免卻依然罹癌，那會是什麼情況。我請她閱讀各類癌症患者的故事，並觀看患者接受痛苦的癌症治療的影片，包含治療失敗的案例，此外我們還一起去地方醫院的癌症病房探望病人。在這之後，我請艾琳想像她若生病會是什麼情況，請她把所有想像都寫下來，詳細描述病情加重的後果，包含她必須接受痛苦的癌症治療，例如多次化療、放療、免疫治療，甚至是新的實驗性治療。憂慮暴露帶給她幾乎無力承受的焦慮和痛苦，被她描述為此生最痛苦的經歷。其中最令艾琳難受的是，她從內心深處意識到自己其實無力阻止疾病到來。如此持續煎熬數日之後，艾琳不僅了解了、也接受了她無法掌控健康問題的事實。暴露於憂慮之中如此痛苦，令她內心翻騰不已，但她最終也變得更堅韌，接受了她無力控制的事情，並能更謙遜、感恩、堅定的生活下去。

至於那位擔憂母親財務危機的奧運選手澤蘭娜，我們細細討論她所有的擔憂，才發現在表面的擔憂之下，她最大的恐懼其實是母親的健康，而非財務狀況，錢的問題只是凸顯了母親可能發生的困境。於是我請澤蘭娜想像母親因經濟壓力而中風辭世，起初她僅僅是想到母親生意失敗就無法承受，更別說中風，而母親的死更是完全不能碰的話題。後來她終於敞開心扉，坦承多麼害怕失去母親。她情緒崩潰，坐在那兒說著她在葬禮要穿什麼、母親要葬在哪、她在葬禮期間要對家人說什麼，終於禁不住放聲大哭。如此讓澤蘭娜暴露在憂慮之下，目的是幫助她做心理練習，去接受她無力控制的事。

附帶一提，就我個人而言，這也是令人深感謙卑的經驗，我眼見一位正值運動生涯巔峰的奧運選手淚流滿面、失控嚎啕、勇於透露內心深處的脆弱，不禁對她生出極高的敬意，也清楚理解到每個人都面臨著同樣的風險，隨時可能遭遇令人落淚的困境。世間的每一個人，無論多麼身強體健，都會有自己的痛點。

焦慮的真正起因是什麼？

一個有意思的現象是，許多人感到焦慮時，其實並不能確知自己擔心什麼。他們說「不想生病」或「不想變窮」，常只是表面問題，其實總有更深層的恐懼存在，卻下意識自我欺瞞那不存在，這是第三章討論過認知逃避，其實就是不願意思考痛點中最敏感的問題，因而沒有去處理自己真正害怕的事；我們太專注於避免發生危險，以致於無法釐清到底是什麼原因引發了恐懼。

然而，在恐懼感產生時，為了有效運用暴露法，我們必須深入檢視自己究竟擔心什麼。例如，某些人有財務焦慮，實際上卻是擔心自己不再被他人重視；有健康焦慮的人其實不見得在乎罹患疾病，而是擔心親人被自己拋下後沒人照顧。

我最近治療一位深恐自己發生事故的年輕父親，我們討論他的恐懼，他的聯想可以追溯到童年。他有個朋友年幼時就在一場車禍中失去母親，從此艱困的成長。因此，這位患者內心深恐自己的孩子也有同樣際遇。在我們具體討論他的恐懼之前，他甚至不曾察覺這個根源往事，他一心想免於痛苦，表徵就是過度憂慮自身健康。經過一番討論，他意識到終究無法控制自己的生死，因此也無法控制孩子會受到什麼的影響。所以，對疾病的擔憂不再是治療重點，我們轉而討論孩子失怙的可能性。直面恐懼雖然令人難受，卻比完全逃避它要容易一些。

另有一個案例也證明了原以為的財務焦慮其實與金錢無關。艾倫最初來求診時，我對他的診斷完全錯誤。他是曼哈頓中城的財務經理，表徵看起來就是典型的對金融市場的擔憂，進一步探索才發現，市場可能崩盤的壓力造成他擔心在情感上無法給妻兒足夠的陪伴。我再進一步詢問，才觸及了問題核心。他透露孩童時期曾遭受哥哥持續多年的性騷擾，除了強烈的羞辱感以及對哥哥的憤怒之外，艾倫還責怪父母只關心家庭經濟，卻沒發現問題並保護他。不過，他將多數的責任歸咎於當時的市場，他受虐的同時，金融市場也正在衰退，父母因此全神貫注於工作，並造成家中的壓力，這是哥哥侵害他的時空背景。他之所以總是必須維繫財務穩定，免得往事重現，背後的癥結正是在此。

進行擔憂暴露療法之前，必須先充分理解個案的焦慮全貌，並將之融入療程。患者若是害怕拋下親人，或無法保護他們，就必須將這些主題融入治療劇本，讓他們重複暴露其中。如果只是讓患者簡單的在心中回顧表面的擔憂，就無法從根本上解決焦慮問題，這些未解的問題也會導致療程無效。

若要接受我們缺乏掌控力的事實，最好的辦法就是**深入思考痛點的最壞結果**。一旦確認核心恐懼，就反覆思之想之，做好面對恐懼成真的心理準備。例如，如果坐飛機時感到焦慮，別只是坐在那兒隨便擔心一下飛機可能失事，而是要做好應急準備，並認清以下幾點：一旦飛機升空，你甚至不能進駕駛艙，更不可能對飛機有任何影響或作用。你處於脆弱的危困狀態，身在一個鋁合金長管裡，以數百英里時速飛行，離地數千英尺，任何時刻都可能發生任何情況，成為乘客的災難。接下來你可以再想想，飛行途中只要任何一個關鍵因素出錯，會發生什麼後果。想想你的家人、你的身後、你的英年早逝、你的葬禮，以及你的生命有什麼意義。如果你能夠謙虛的完全接受這種程度的不確定和不可控，心中就能生出平靜的感覺，也能更堅韌的接受任何超出掌控範圍的狀況。

痛苦與受苦

本書時常提及不確定性：當禍事有發生的可能性，焦慮就會加劇；接受不確定性就是回復平靜的關鍵。不過，當禍事確實發生、威脅成真時，又該如何？在不確定性之下學會接受自己的知識和掌控範圍有限，這是一回事，而且已經很困難，然而，更困難的另一回事，就是在真正遭遇生命困境時，也接受它。

要接受真實的困境，除了暴露療法之外，還需要採取幾個步驟。憂慮暴露療法只是請患者想像禍事發生的可能性。但禍事若確實發生了呢？這時該怎麼辦？當你終究真實面對失控局面時，該如何避免陷入令人窒息的焦慮？

「痛苦（pain）是必然，受苦（suffering）卻是選項。」這句智慧瑰寶的出處可是達賴喇嘛、十二步項目（twelve-step programs），或其他。但釐清誰傳授了這句話並不重要，重要的是去理解它的核心真義。「痛苦」包含令人不快的情況、情緒和感覺，是不可避免的。無論出身背景多麼好，每個人都可能痛苦。有誰能完全不經歷困境嗎？「受苦」則是懊悔、抱怨，以及因為痛苦而生出憤怒或焦慮，這些都是自主的選擇。那麼，如何防止痛苦造成你受苦？當禍事發生在你的痛點上，如何才能不懊悔、不抱怨、不憤怒、不焦慮的處理禍事？

答案正是本章的主題——**接受**。你愈是能接受，不再與痛苦對抗，所受的痛苦就愈少。你必須學習與痛苦共存，不去改變它，只是體驗它，並接受你有時就是無能為力的事實。當然，知易行難。也就是說，這需要練習，需要做更多的準備，設法接受你不樂見的結果。

我們可以這麼想：既然痛苦不可避免，眼前就只有兩條路，一是在順境中做好準備，二是在困境發生時措手不及。第二條路必然是受苦之路，當痛苦襲來，我們卻不曾做好迎接衝擊與後果的心理準備，等於是坐以待斃。第一條路則是給自己一個反擊的機會，或許仍有短暫的痛苦，卻能免於長期受苦。

在某些情況下，只要能知道自己的極限，並且接受它，自然也就能接受痛苦。如第七章所述，只要了解人的能力有限、許多事非人力可控，知道了痛苦的存在並非全是我們的錯，就能感到寬慰。但世事並不總是這樣簡單明瞭，當真正的挑戰出現，並帶來極大的痛苦，此時即便了解自己無法控制，事實卻依然令人難以下嚥。

人為什麼受苦？

是「抗拒」將痛苦變成了受苦。作戰計畫並非一定要執行，戰爭也不必然要打贏。人生的考驗有時候不是「贏」，而是「從容的輸」。

我曾治療一位三十多歲的社交焦慮症患者馬帝，他生性沉默寡言，在一家保險公司擔任精算師，負責計算或然率與財務風險，提供給承保保單做為依據。他的工作乍聽很乏味，卻承擔了沉重的責任，只要一個數學錯誤或誤算，在數以千計的狀況中加乘，公司輕易就要損失數千萬美元。某天就發生了這麼一件事。幾年前，馬帝就一張表單進行上百次獨立計算，不慎漏掉一個小數點，造成驚人的理賠損失。馬帝被通知與老闆緊急開會，他立即緊急安排前來就診。馬帝想當然耳一談到他的處境就冷汗直流，汗水明顯濕透了襯衫。然而，現在的問題已經不是要不要承認自己沒有掌控力，問題顯然已經遠遠超過他的掌控範圍了！

馬帝的困境是面對公司高層的審問，也不得不為他的嚴重錯誤負責。這不只是一種可能性，審查會實際上已安排在下週舉行。更糟的是，該公司對於犯有類似錯誤的人向來毫不留情，例如在公司內普發電郵，公開羞辱犯錯者。

馬帝想過辭職，但經濟因素很快就讓他打消念頭。現在最好的做法就是接受事實，盡量泰然處之。身為社交焦慮者，當眾被羞辱是他最深的恐懼，但他開始做心理準備，希望到時表現得從容一些。在建立好接受事實的心態後，他決定坦然以對，承認自己造成的錯誤和後果、真誠道歉，並接受上級裁定的任何懲處。至少到那時一切就結束了，就如新聞界所說，新聞過了就過了，他只要等待事過境遷，就可以回歸正軌並繼續過日子。

馬帝當時也透過憂慮暴露療法來應對困境。他以第一人稱寫下他將如何被審問，執行長和財務長將對他說些什麼，他怎麼回答，以及他們會如何羞辱他。他的腸胃在治療期間翻騰不已，甚至必須中斷療程去上廁所。除此之外，他還必須邁出另一步：停止與痛苦對抗。馬帝接受自己是凡人，接受他搞砸了。他理解到人生就是如此，並決定繼續前行。雖然走完這個過程很痛苦，但也讓他不再繼續受苦了。

人為什麼選擇受苦？

我發現許多人都將痛苦災難化，認為自己無法應付。我們想像事情發生的過程與後果可能帶來情緒衝擊等各種打擊，或許又因為無法猜想自己會多痛苦，在無法耐受不確定性的情況下，便以為自己可能精神崩潰，因此一味抗拒痛苦、壓抑心思、分散注意力，並且扭曲自己的想法，以便維持自己能控制局面的感覺，結果卻只是讓事情變得更糟。

事實上，**如果你正在受苦，就表示你對痛苦有耐受度，因為受苦比痛苦更難處理**。受苦會消耗更多精力和氣力，因此處理起來難度更高。就像第一章的案例約翰在暴風雪中恐慌發作，因而穿越多線道高速公路的車流往路肩走。讓我們複習一下這個故事，約翰恐慌發作，怕自己撞車，所以做了許多大膽的駕駛動作往路邊去停車，這些動作都令他受苦，也更加恐慌。經過我和他在療程中的共同努力，約翰了解到，他若能容忍恐慌發作的痛苦，繼續直線行駛，直到恐慌過去，才是更恰當、更健康的做法。他努力抑制痛苦，反而引發戰或逃反應，還把事情災難化，以為自己甚至無力應對日常生活。

儘管自以為無法與痛苦共存，但是，與其想方設法避免痛苦卻徒勞無功，不如接受痛苦，反而能適應得比較好，前者只是延長和加深痛苦罷了。痛苦固然令人難受，但人類的韌性其實超乎自己的預期，足以承受和應對各種嚴峻挑戰，當你以接受事實的態度面對挑戰，事情反而變得更容易。

由此可知，**為了避免受苦，最關鍵的一步就是先了解你其實可以耐受痛苦**。你愈是與痛苦對抗，並因此持續受苦，就愈不可能了解自己對痛苦的耐受度，並因此以為痛苦等同於受苦，無法意識到其中的區別。你若習慣性的對抗痛苦，就更難以接受它。相反的，若能練習容忍痛苦，隨著時間過去，將會逐漸變得容易。

多數人都選擇受苦而非與痛苦共存，另一個原因是自以為別無選擇。其實我們總是有得選，眼下的選項不見得都理想，但總是有得選。痛苦並不能剝奪你做選擇的自由。馬帝大可選擇遞辭呈，但經濟因素讓他決定不辭職，所以他採取另一個選項——**面對現實**。這是經過深思熟慮的、目的清晰的選擇，他很清楚這是自己的決定，之後的處境也因此從受苦變成與痛苦共存。

舉個更極端的例子。某人被診斷出絕症，但他眼前仍有選項，可以繼續住在家中直到生命終點，也可以透過安寧療法控制疼痛，或是住院插管並奮戰到最後。這些選項都很可怕，但確實是選項，而「自主選擇」正是人類特有的尊嚴之所在。

尋找逆境的意義

一九四〇年，當時的維也納精神醫學家維克多．弗蘭克（Viktor Frankl）是心理治療師中的明日之星，專事治療憂鬱症和自殺傾向，卻跟家人一起被納粹送往特萊西恩施塔特（Theresienstadt）集中營，之後三年經歷過四個集中營，在那段艱辛歲月中目睹了無法言喻的殘酷和苦痛，日日面對死亡陰霾，他的妻子、兄弟、父母都慘遭殺害。後來，弗蘭克從奧斯維辛（Auschwitz）集中營獲釋，在一九四五年將親身經歷寫成書，一九五九年被翻譯成英文出版，成為影響後世甚深的暢銷書。

此書較廣為人知的書名是《活出意義來》（*Man's Search for Meaning*），它是心理學教科書，更是長篇散文，主題是——有人在磨難中找到意義和目標，也有人放棄或屈服於他們認定毫無意義的痛苦，前者的後續生命通常好得多，不僅心理較為健康，甚至身體也比較健康。弗蘭克觀察到，有些人習於因為痛苦而受苦，另有些人則是在咬牙撐過痛苦的同時亦堅守生命意義，並始終清楚知道自己可以自主做選擇，他們都更有可能成為集中營的倖存者。弗蘭克最為人知的理念是：我們或許不能控制生命的結果，卻總是握有選擇權。他認為，無論生命情境多麼艱困，我們如何接受自己的命運、如何接受命運帶來的所有苦難、如何背起屬於自己的十字架，以上種種都是我們賦予生命深刻意義的機會。[1]

他的理念已被科學文獻充分證實。當生活中發生高壓力事件，我們如何解讀這些事件，就大致決定了回應方式，甚至決定了事件對我們的生理與心理健康的損害程度。[2]長期面對痛苦的人，如果能從中找到建設性的目的，例如視之為學習機會，或是與他人加深感情的機會，就不僅能減少憂鬱，還能減少生理上的痛苦。[3]同樣的道理，脊髓損傷患者在失去健康的過程中獲得領悟，儘管必須持續管控嚴重的生理症狀，仍能強化心理健康與韌性，甚至身體機能的表現也更好。[4]新冠疫情期間，有些人透過心理治療在困境中尋求領悟，因此在疫情當時與長期而言，都能有更好的心理調適。[5]

為什麼尋得逆境的意義就有助於適應艱困生活環境，且能以更強韌的情緒和身體狀態因應情勢？簡而言之，當你受到傷害或失去了什麼，卻從中領悟到意義，你就是以正面思考重新解讀負面經驗，因而從受苦變成與痛苦共存。**痛苦一旦被賦予意義，我們就不再與之對抗，而是更能接受事實，所受的苦也因此減少，甚至逐漸消失**。例如有兩個人上臂痠痛，一個找不到緣由，一個是因為在健身房做二頭肌重訓，前者顯然更令人痛苦，因為後者是有意義的疼痛，是有建設性、強化肌肉的必要副作用。

六十出頭的商人卡爾有一位長期合作的商業夥伴，某天他發現對方一直在欺騙他，多年來竊取業務所得。等卡爾終於發現，為時已晚，錢幾乎被偷光了。三十年的工作換來一文不值。卡爾質問夥伴，令人惱火的是他拒不出面，既否認一切又裝窮。情勢惡化到興訟，卻沒料到對方竟然贏了。那傢伙聲稱他請不起律師，穿著破舊的西裝獨自出庭，與此同時已將消失的資金都轉往離岸帳戶。這一顆難以下嚥的苦果讓卡爾陷入沮喪。

最初與我諮商時，卡爾實在無法從他的損失當中找到任何道理或意義。他沒日沒夜工作幾十年卻一無所獲！然而，隨著時間推移，他終於有所領悟，痛苦指數也因此降低，有時也能與痛苦共存而不受苦。某次諮商期間，卡爾情感特別充沛，談到他為了追逐財富，不知犧牲多少睡眠時間，也犧牲陪伴子女的時間，被孩子們怨恨他是工作狂，而這又讓他更難以接受財務損失。他自問：「我到底為了什麼而犧牲呢？」我對他的感受給予認同，他訴說得愈多，似乎就更接近平和的境界。他很慶幸在六十出頭被這個世界上了一課，教會他重視家庭而非金錢，而免於再浪費十年當個工作狂。經過我們的討論，卡爾在生活上做了根本的改變，他以僅餘的財富，以及更多的時間和精力，與他的孩子與孫子們建立更好的關係。

每個人尋找意義的過程都不一樣，但確實有方法可以幫助逆境中的你領悟更多。有些人將痛苦視為鍛鍊品格的機會，也有些人因此懂得在順境中感恩，還有一些人認為最重要的不是擺脫痛苦，而是學會有尊嚴的受苦。此外則是利用逆境與他人建立情感連結。再者，信仰亦可助人尋找意義，痛苦可能引導人進入信仰，或是去思考其中是否依稀有某種神聖或終極的意義。無論我們從哪個途徑尋找意義，以下是弗蘭克總結的關鍵：

> 生命中總有選擇需要你去做。每天、每小時都有做選擇的機會，你的選擇將決定你是否屈服，是否任由外力抹滅自我、剝奪內心自由；並決定你是否任由外力操控、放棄自由和尊嚴，被捏塑成典型的囚犯。[6]

由此可見，我們面對生命困境，並非只能在生物、社會、歷史、政治等因素之下做出反射式的回應。**「自主選擇」是人類擁有的天賦**。「痛苦」因而凸顯出我們身而為人的偉大意義。透過你的選擇，你可以維護尊嚴、人格，甚至因此超乎自己預期的沉著應對逆境。

祈禱的力量

儘管世俗主義在全球漸成顯學，「祈禱」仍是許多文化體系的重要成分。皮尤研究中心二〇一四年的「宗教綜觀調查」（Religious Landscape Survey）針對一〇二個國家進行科學性調查，檢視各種靈性與宗教行為的普及度，結果發現五五％的美國成年人每天祈禱。[7]其他富裕國家也有約四〇%的成年人每天祈禱，全球平均值則高達六〇%以上。[8]祈禱為何如此普及？祈禱能給人類什麼，因而成為如此共通的行為？

許多沒有信仰的人認為，祈禱等於是設計說服上蒼降下祝福，讓自己或親人獲得身體療癒、財富或成功。這個看法或許沒錯。我們常聽人說：「你看！我祈禱之後，我的病奇蹟似的好了！祈禱真神奇！」我並非否定這種事情的可能性，有時確實會發生。然而，身為心理學家，我認為祈禱對生命的強大效益不在於塑造命運，而是影響了人的視角。**祈禱具有一種難以理解的力量，可以使人更願意接受事實，也更謙卑、感恩、堅韌，並因而不那麼焦慮**。

幾年前，居住在美國中西部的好友告訴我，他的學齡女兒被診斷出白血病。他們窮盡各種療法，包含只在初期有效的數次幹細胞移植，每次治療週期結束，癌症就復發。家人盡所能給她所有的醫療照護，並訴諸靈性的力量，在全球建立了數千甚至數萬個祈禱團體。大家齊心協力，晝夜不停的誦讀《詩篇》，希望祈求上帝療癒，赦免美麗的女兒不死。他們選擇的因應方式如此勇敢、超凡，也蘊含著深刻的愛、關懷，以及無邊的信念。儘管如此，女孩在十一歲生日前離世了。

她的葬禮給我此生從未有過的體驗。所有的祈禱不曾拯救女孩的性命，卻仍產生了無法忽視的深遠影響。女孩的父母以及所有在場的人似乎都因這場悲劇而得到昇華。當時確實也有無數心酸淚水、啜泣聲、悲慟，眾人的痛苦難以言喻。一個美麗天真的小女孩就這樣離開了，任何人都無法改變這個令人傷心的悲劇，喪親之痛如此沉重的當下，卻同時也存在著接受與平和。

旁觀者或許認為眾人的祈禱都是為了幫助女孩，其實這只是其中一環。更重要的是，父母多年來在靈性層面的勇敢付出，讓他們理解到人力終究無法控制一切，他們清楚的知道自己已經竭盡所能做出靈性、情感和實際的努力，而結果如何並非人類的知識力、理解力、能力所能改變。透過祈禱，這個家庭能夠尊嚴、堅強的度過悲劇。父母希望美麗女孩存活的選項不曾實現，但他們選擇的尊嚴並未被剝奪。因為祈禱，父母接受了自己沒有掌控力的事實，從而生出了力量，全球參與者也能以有意義的方式看待這個悲劇，他們雖然非常痛苦，卻並未受苦。

祈禱帶來的最大力量是幫助我們內化這個事實——**人的力量有限，知識更有限，有時你需要做的就僅僅是認清自己並非掌舵者**。「十二步項目」教人把自己交給超凡的力量，無論你所認定的超凡力量是什麼，也無論你是否有規律祈禱的習慣，你確實能透過祈禱讓自己從靈魂深處去接受自己不能主宰一切。

法則8：接受自己的極限

憂心忡忡的情緒往往停留在淺層，無法深入觸及焦慮的真正起因，我們因此無從去接受自己天生的限制所在。

所以此處就從自我探索開始。法則八從認知療法改編而來，旨在幫助你真正理解自己，釐清過去不曾意識到的內心信念。請你用打破砂鍋問到底的方式問自己：若是如此，接下來會發生什麼？持續向下深掘，探究自己最深、最真的恐懼是什麼。

例如你害怕生病，就問自己：我若病了，接下來會發生什麼？

答案或許是：我就得請假，不能上班了。

接著再問自己：如果必須休假，接下來會發生什麼？

答案或許是：等我回去上班，會覺得愧對同事。

此時再問自己：回去上班感到愧對同事，接下來會發生什麼？

如此不斷問下去，直到你發自內心覺得無法承受為止。如果想像中的自己在最後感到尷尬、沮喪、失去友誼、終至落入全然的孤獨，那麼你的演練可能就是正確的，此處的目標就是認清自己最根本的恐懼，到底什麼事情會讓你一想到就渾身不舒服。

等到你感到真切的焦慮，就該試著**完全放手並接受事實**，想著你害怕的一切確實都可能成真，想著種種禍事很可能同時發生並導致可怕的後果，然後接受你的脆弱，放棄知識、掌控力、安全感的假象，並且認知到在生命長河中，主導命運走向的因素並不在你的掌控範圍內，因此「放手」才是唯一合乎邏輯的選項。

做到這裡，你應該已經變得更加焦慮，但請記住，你必須真心接受禍事隨時可能發生的事實。

接下來請你想著：**無論發生什麼，無論我遭遇什麼，我永遠都有做選擇的能**

力。想想你眼前的選項是哪些（即使無一令人滿意），以及事情真的發生的時候，你會如何做選擇。

你若願意祈禱，或想嘗試一下，可以用你自己能接受的方式進行祈禱，祈求你害怕的結果不會發生。不過，別只是一心想獲得神助，而是要透過祈禱讓自己接受人力可控範圍終究有限。

第9章 超越自己的極限

焦慮有助於實現生命的目標與夢想

第七、八章討論焦慮有助於認清並接受人類的知識與掌控力都有極限，我們已經知道這樣的領悟可以讓人學會謙遜，也能更堅韌的面對生命中的無常、威脅、逆境，同時能達到自我成長。當我們能接受生而為人的極限，反而能在情緒與精神上變得更為堅強，能夠更平靜、寬容、感恩、仁慈，也更體貼他人。本書最後這一章將進一步探索焦慮如何幫助我們培養更強大的內在力量。**焦慮可以幫助我們看到自己身為獨特個體的潛能，並努力前行、發揮潛能**。以焦慮為工具，可以幫助我們確認並實現生命最終目標。但如何做到呢？焦慮的源頭經常就是一個人的強處之所在，是我們具有強大潛能、可以在其中成長與成功的領域。此外，當我們發揮潛能、懷抱造福世間的夢想，並勇敢追尋這些夢想，這過程中原本就會伴隨焦慮的出現。所有遠大的計畫都同時存在著重大的失敗風險，若想超越自己的極限，必定要逆風而行。因此，在自我實現的過程中感到焦慮，反而表示你正走在正確的路途上。本章將告訴讀者如何讓焦慮幫助你看清自己最重視的是什麼，幫助你超越你原以為的極限，並且以超乎你想像的方式實現自己的精神潛能。

實踐偉大夢想的潛能

西方文化並不特別懂得如何教導各級學生認識自己獨特的潛能或發掘自己的長處。在我們的教育系統內，多半還是靠死記硬背的方式做學習。我們獎賞善於背誦的學生，不夠重視關鍵思考與創意思考的重要性。[1]此外，學生大多只在有限領域接受評量，大學入學考試等制式測驗也偏重語文與數學等學科，而非社交、創造力、情緒等領域的智慧，更別提在市井間生活的實際解決問題的技能。[2]更嚴重的是，我們的社會對成功與失敗採取二分觀點，只把所有人分為成功或不成功兩種，而非從一個人的起點去衡量這個人的成長幅度與獨特的成就。所以也毋須意外當今社會文化竟至向下沉淪，人們更重視當下所得，而非人格發展，也更重視「量」而非「質」，例如坐擁金山銀山，而非為他人造福。

這些價值觀造成人際間彼此激烈競爭。一九五〇年代有個眾所周知的比喻「老鼠賽跑」（rat race）源自於實驗室場景，白老鼠在受控管的環境下，只要跑過一系列無意義的迷宮就能得到食物，被用來形容美國企業界激烈競爭的現象，員工盲目跟隨上司腳步，心中沒有具體意義或目標，只是為了盡量把自己餵飽。所幸近年在企業界出現某些正面轉變，才有新價值觀興起的一線生機，但老鼠賽跑依然可以用來形容許多人的職涯。

因為上述趨勢，許多人從不認為自己有達到偉大境界的獨特能力。我們總是拿自己與他人相較，以致於不知曉自己的獨特潛能何在。我常問患者真正想要的生命成就是什麼，起初的答案總是一般常見的野心，例如得到龐大財富、舒適生活、物質資產、聲譽、名氣，甚至是在社群媒體擁有大量追隨者。待我進一步追問，患者大致都會承認這些成就並不真正讓他們快樂，也不真正知道如何在人世間展顯自己的獨特性。多數人甚至不那麼認識自己，所以也不知道如何發揮自己在社交、情感、生活、才智等方面的能力，以造福於他人的生命。

我們都遺忘了自己有創造偉大的潛能，只待自己去探索與開發！我們甚至不去思考自己有什麼能力可以讓世界變得更美好，我想這就是當代人如此焦慮的主要原因之一。在我的患者當中，十八到三十五歲的人只要思考以下問題，大多就開始焦慮不已：我為什麼存在？我的生命有什麼意義？我真的特別嗎？我對世界能有任何貢獻嗎？思考這些問題讓他們的生存焦慮開始高漲，因為很少有答案足以令人讚嘆，這多半是成長背景所致，確實，我們的社會基本上迴避這類問題，也因此少有人提出答案。

思考這些問題的時候自然而然會感到焦慮，這可以是一個起點，從此啟動自我實現的過程。著名的人本主義心理學家亞伯拉罕・馬斯洛（Abraham Maslow）將自我實現的過程描述為「你的能力足以實現的一切」。[3]對自我認同或存在價值感到焦慮，就是驅動我們運用焦慮達到自我成長的最後一步。當你開始思考自己的獨特性，自然會感到焦慮，這其中最重要的意義，就是激勵你勇往直前，開始邁向自我實現。這種不自主的焦躁感正可以做為自我成長的工具，幫助你發掘並實現自己能造福世界的獨特天賦。所以，焦慮可以為你所用，助你實踐有意義、有目標的自我成長。

必須知道的是，你的獨特天命有可能讓你獲得財富報酬，也可能讓你在營生之餘必須額外付出許多時間。我的一位朋友是成功的律師，他認為自己在人世間的使命就是在週末供應愛心餐點給需要的人，他的法務工作讓他付得起房貸，但真正讓他心有所感的事業，是送食物到困苦的人面前。另一位朋友是家庭主夫，他真正能發揮所長之處，就是照顧孩子與家庭，盡他所能創造一個溫暖、充滿愛的環境，做為家人背後的支持。雖不能直接產生金錢回饋，但他認為自己的天命就是當一個全心付出的父親。總之，如果有一件你喜歡做、有能力做，而且這個世界也需要的事，無論是否有償，它都是你的出發點，你可以從中思考自己的獨特能力，並付諸實踐。

如第七、八章所述，世事無恆常，人類主宰程度有限。這不代表我們就什麼也做不了，每個人的內在都蘊藏著天生的潛能可以任人發掘，至於是否去發掘，就是自己的選擇。這是生命給你的機會，同時也是風險（特別是你選擇不作為的時候）。我曾看過數以千計的患者，見證過他們幾乎天生就有能力發現並實現自己的潛能。而且，每個人獨特的目標、夢想、能力在冥冥之中都能巧妙的符合周遭旁人的需求。反過來說，我也觀察到，一個人若不覺得正在實現獨屬自己的偉大目標，就無法達到真正的自我成長，這個人身邊的家人、朋友、社群、同僚也都可能有些許困擾，因為他們的需求可能沒有得到滿足。

我覺得有必要特別做以下說明。我從幼稚園到大學的俗世教育包含兩個學士與兩年碩士，不記得任何教授對此有所著墨，這些都是我在靈性領域所學，我的心靈導師勞倫斯．凱勒曼（Lawrence Kelemen）拉比曾說：「相較於你的指紋，你本人的獨特性更高出百萬倍，這世間從未有過跟你一模一樣的人，未來也不會再有。」[4]你感受到的焦慮正可以幫助你看見自己的獨特之處，並且勇敢的邁步向前，把握住眼前的機會。

焦慮是指南針

我在麥克林醫院做臨床研究的第一年曾輪調至強迫症協會（Obsessive Compulsive Disorders Institute），這是全球少數提供強迫症住院治療的機構。身為起步中的強迫症治療師，我利用機會盡可能了解這個奇妙的疾病，我當時的師父包柏在協會執業近二十年，我從他身上學習到強迫症可能出現在生活的各種範疇，例如汙染、健康、組織、傷害或暴力、性，甚至宗教。我剛到協會的時候請教包柏，為什麼有些強迫症顯發於恐懼細菌，有些則是關於暴力或宗教。包柏不假思索答道：「強迫症都是依附於患者此生最重視的事物。」他接著解釋道，對汙染產生強迫症狀的患者非常重視身體健康，患者症狀若是關於宗教，其自我認同就存在著靈性的價值觀。

這次見習機會雖短暫卻豐富，我在幾乎每個患者身上都看到同樣現象，他們的焦慮都是來自於心中最重視的事物。之後數年，我對這個基本的心理現象又有更多領悟。既然焦慮常是關於我們生命中最重視的事物，**焦慮就是人生指南針，焦慮指出的方向就是我們實現潛能的領域**。

瑪西婭是一位二十歲出頭的年輕單身女性，患有嚴重的慮病症。她會連續數小時上網研究她認為自己有的症狀，並且每個月看不同的醫師做檢查，結果總是陰性。她必須吞下該吞的維他命、礦物質，同時維持完美均衡、減少病因的飲食，否則她整個人就無法運作。問題是這些行為造成她精神耗弱，而且老闆發現她上班時間都在看網路醫師的網站，因此開除她，此後她的生活品質就迅速惡化。她把多出來的時間都用來檢查身體是否有癌症跡象，並更加無法克制的在網路上搜尋醫學資訊。她對健康的執念甚至造成她無法出門見朋友或約會，因為光是要打扮就讓她覺得壓力山大。她打電話來診所時，慮病症已經讓她等同於被軟禁。

瑪西婭和我運用本書第一部的方法應對焦慮，幫助她好好照顧自己，懂得自我疼惜，同時也接受並面對她的情緒。她接受暴露療法，期間暫停任何補償性的強迫行為，只是長時間專注思考健康風險。我們也執行了本書第二部的策略，包含與他人建立情感連結，我建議瑪西婭以此為優先，向朋友敞開心扉談談健康焦慮，這對她來說是朝著正確方向邁出了一大步。透過這些方法，她的慮病症大幅緩解，但仍說不上多快樂，她的痛苦雖然減輕了，但生命並未開展。

經過大約十個月的治療，我問瑪西婭想做什麼，她說很想成為醫療保健顧問，想利用自己的醫學知識提供引導與支持給那些與疾病奮戰的人。起初我擔心她是故態復萌，因為這有些類似健康焦慮的表徵，但我很快就意識到她的焦慮出現在健康領域，其實是有原因的，她的獨特天賦就是解讀症狀和治療方式。她若能運用天賦去造福世界，就能發揮她追求偉大的獨特能力。

在我的協助之下，瑪西婭實現了成為醫療保健顧問的夢想。最初她相當興奮，旋即也意識到必須付出大量心力。她既害怕耽誤他人，又擔心客戶不夠多，不足以發展為成功的職涯。儘管如此，我仍鼓勵她追尋夢想，後來她建立一個網站、製作名片、透過線上課程學習小型企業管理，然後開始提供諮商，幫助客戶了解疾病診斷、治療選項，甚至是保險體系的運用。這一切都需要極大的勇氣，瑪西婭面對困難、挺身向前、承擔風險、投入時間與金錢且不知是否能回收，最後，僅僅在三個月之內，她的醫療保健諮詢服務就步上軌道，客戶非常滿意她的服務，她也不曾感到如此快樂。與此同時，她的健康焦慮也已經完全不足為慮，這都是因為她不再任由焦慮控制她的生命，而是成功利用焦慮達到自我成長。

類似瑪西婭的案例不勝枚舉，只要運用本書第一、二部的策略，與自己、與他人都建立更深的連結，就能面對並利用焦慮造福世界。如前所述，焦慮常是源自於我們此生最重視的領域，也是我們具備獨特潛能、可以成長壯大的領域。一旦能運用焦慮強化與自己、與他人的關係，就能運用焦慮築構偉大的夢想。

築構夢想的步驟

實際而言，究竟該如何建構自己的偉大夢想呢？即便能從社會洪流中掙脫，並相信自己有能力以獨特的方式變得偉大，許多人仍無法達成自我實現，因為他們就是不知該如何著手。

築構夢想有以下兩個步驟。

1. 腦力激盪

想想你天生就挺厲害的地方，而且是你只要投入合理程度的努力與實踐，就能變得更純熟的事，可能是一份工作、嗜好，或是尚未實現的熱情。

請問自己：

- 我喜歡做什麼事？
- 什麼工作、嗜好，或活動，我做起來最有成就感？
- 生命中有哪些事情，我希望可以做得更多？
- 我為人的長處是哪些？

請記得，你喜歡做的事，經常也就是你的長處所在。這是有原因的，首先，每個人都想成功，所以很自然就傾向於做天生在行的事；第二，也是更重要的，世上許多靈性傳統都認為，個人的超然卓群之處，是天生就設定好的，可能是一個或多個領域。若能真正認識自己、追求真心所愛，就能邁向命定的成功。在這樣的思考之下，如果前段的問題提示還不能幫助你想清楚，你可以這樣問自己：我至今最大的成就是什麼？生命中最令我感到自傲的是什麼？思考過去曾經有過的成功，可以幫助你建構未來的偉大夢想。

你也可以問自己：做什麼事、追求什麼，讓我感到最快樂？請注意此處的「快樂」並不是舒適感，給人快樂與成就感的事，做起來其實不舒服，後續將再討論此概念。請回想過去哪些成功經驗曾帶給你純粹的成就感，可能是單一事件，例如贏得網球比賽、拍出美麗的照片，或是更了解你喜歡的鳥類，此外也可能是你長期參與的事情或計畫，在完成之際帶給你成就感。

在你初步簡答之後，腦力激盪必須繼續，在腦中產生想法之際可以繼續自問：

- 如果我進一步發揮長處，我可以成就什麼夢想、希望、遠景？
- 藉由我希望達到的遠景，我可以對世界有貢獻嗎？
- 如果我認真看待自己擅長的領域，並更專注於其中，我的生命可以有什麼新風貌？
- 我過去在擅長領域有所成就的時候，是否對當時的我或他人產生影響呢？
- 當時的成就對這個世界的影響是什麼？

上述問題是建構偉大夢想的第一步——**腦力激盪**，可能會、也可能不會讓你產生焦慮感。某些人確實會因為思考自己喜歡做的事而感到焦慮，另有些人思考自己的長處、興趣、創造偉大的能力，只是感到激動與振奮。

相較之下，下一個步驟總是會令人產生具有正面效益的焦慮。

2. 以務實態度思考如何追求願景實現

請自問：

- 我可以採取哪些具體、實際的行動，去進一步發展我的長處？
- 我在每日生活中必須做出哪些改變，才能有助於實現我的夢想？
- 若與他人分享我做的事，他們會有什麼反應？
- 我做出的改變將如何影響我目前的日常行程、社交生活、財務狀況等生活面向？

請想想你當下的狀態，以及你腦力激盪得出的遠景，這兩者之間有什麼差距。再盡量以最多的細節思考，你要做哪些必須做的事，才可以到達你希望的位置。

請注意此時尚未到達開始採取行動的時機，你不需要做行為上的改變，就可以先建構一個清晰的偉大夢想。當你認真思考該採取哪些實際行動才能發揮潛能，確實會令人覺得有壓力，甚至會感到恐懼。

如果你務實思考自己的遠景，卻不曾感覺到壓力或恐懼，可能表示你設想的遠景缺少某些關鍵成分，或者它並非是你真的在乎的遠景，也可能是你太低估自己而建構了標準太低的夢想，甚至是你還沒意識到這條路上有多少辛勞等著你。不論是上述哪個原因，做完這個步驟的時候，若沒有伴隨相當程度的焦慮感，就回頭重新再做一次！相反的，一旦你明顯感覺到焦慮，可以把它當做一個正面指標，代表你正走在正確的路上。

平凡英雄

追求生命目標與夢想的起點是透過腦力激盪建構偉大夢想，並擬定具體計畫去實際發揮潛能。但不能只是在腦中做計畫，必須從內心世界的思考出發，從理論步入現實，以實際行動跨越到外在世界，身體力行追求目標。不再只是把自己的長處視覺化，而是開始付出努力，將夢想變為現實。

現在社會文化經常會使用到「英雄」一詞，所以我想稍事定義此處的用法。一線救災人員或軍人的勇武體能、職場或政府內部對抗貪腐的道德勇氣，以及個人對抗致命疾病，都屬於英雄氣概。但多數人並不需要面對性命、政治、社會威脅，我所認可的英雄氣概是一個人發揮內在力量與紀律，勇敢的去實現潛能，無論是否獲得他人認同、是否真的成功實現夢想，都能成為平凡英雄。**實現夢想的路途上必定有艱苦、壓力、恐懼，能夠堅持前行的人就是英雄**。這些英雄的共通點就是拚盡氣力在人世間發揮特殊潛能，力求自我實現。

我所知最快樂的人個個都是英雄。他們懷抱對自己、對世界的遠景，並且日復一日承受著實現夢想必須經歷的壓力與恐懼。他們做著夢，雙眼卻敞亮。每一位英雄都曾面對山大的壓力與恐懼，只要追求著遠大目標，就必然有逆境需要克服。而且逆境並非隨機發生，人驅動自己往目標前進的同時，必然要承擔風險，風險既會造成焦慮，也會啟動內在能量去實現潛能並得到真正的快樂。焦慮是自我成長的一環，此二者必然共存。就如本書不斷述及的概念，焦慮本身並非壞事，而是自我成長的助力。當我們英勇的追求實現生命目標，必然會面對壓力、逆境、恐懼。我甚至可以說，**焦慮就是人類幸福的關鍵成分**。

換個說法，如果你做的事並不令你焦慮，或許你並不那麼在乎這件事，你的整體情緒也只是淡然到無味的程度。這其中並無中庸地帶，你只會是既興奮又焦慮的期待結果，或是既不在乎也不興奮或焦慮。

我們驅動自己朝向困難目標前進的同時，偶爾自然也需要稍事喘息，讓自己平靜下來，並重新調整到均衡狀態。人不可以全天候戮力維持在超級緊繃的情緒狀態（本章後續將再闡釋），但追求夢想的途中若逃避任何強烈情緒，就永遠無法完整發揮你的英雄力量，也限制了你成長的能量。

人都需要逆境

馬拉松跑者常說：「跑步就是我的療癒方式。」機車騎士也說：「騎車就是我的療癒方式。」仔細想想就會感到疑惑，跑步很辛苦，騎車的危險則可能令人真心恐懼。為什麼如此辛苦與令人恐懼的活動卻能提升心理健康？怎會有人視之為療癒方式？這些活動究竟對焦慮有什麼幫助？

第三章曾討論到，例如恐懼等令人苦惱的情緒出現時，血液會流到腦部的杏仁核。現在有更多研究指出，杏仁核也會受到興奮、愉悅等強烈正面情緒的驅動。[5]根據這些研究結果，許多理論學家如今認為，杏仁核不僅只是控制戰或逃反應，而是廣泛的控制情緒的強度。[6]無論正面與負面的強烈情緒都是由杏仁核調節，也就是說，**控制焦慮的人腦部位同時也控制著自我成長與獲得幸福的能力**。

讀者可能記得第一章提及的國家曲棍球聯盟守門員霍爾，除了被譽為芝加哥黑鷹隊史上最佳守門員，他還有一件出名的事，就是每次上場前都會因為高度緊張與壓力而嘔吐。他焦慮嗎？是的！他是實現獨特潛能的英雄嗎？確定是！這並非巧合。霍爾培養的內在力量，讓他足以面對曲棍球餅以時速一百英里的速度向他襲來，他承受著團隊表現的壓力，同時還要面對公眾檢視他無論多麼小的動作。成為英雄不見得代表擁有財富與名聲，就算你不是大型體育賽事的選手，或是大型音樂會上的音樂家，也同樣能成為英雄。只要你將自己設想的遠景付諸實踐，在面對壓力與恐懼之際依然堅持走在自我實現的道路上，你就是英雄。

因此不意外的是，若從未追求內心最深處的目標與夢想，生存焦慮就會浮現，表現為擔憂、社交焦慮、恐慌、恐懼症，或是強迫症。相較之下更好的選擇，自然是懷抱遠大夢想、施展英雄般的力量去實現獨特的潛能，同時承受真切與恰如其分的緊張壓力。前一種焦慮大致上沒有意義，只讓人活得更糟，感覺就像生病了。後一種焦慮則完全不是麻煩或疾病，相反的，它代表了我們走在正確的道路上，正在面對自我實現的過程當中必有的恐懼。既然這兩條路都有焦慮，更好的選擇當然是面對並利用焦慮來達到自我實現，而非像生病似的感到焦慮。

賈丁成長於美國中西部，一直有某種程度的焦慮，三十多歲移居東海岸後，他卻感到與世隔絕、生命毫無目的，因此十分痛苦。他來診所進行諮詢時，不僅每日擔憂常見的問題——健康、財務、家庭、政治、氣候變遷，而且還長期感到憂鬱。他覺得人生毫無意義，每天通勤從長島到曼哈頓上班只覺得悲苦，但工作酬勞豐厚，他覺得這是對自己和家人做「正確且負責任的事」。

我問賈丁真正想做的是什麼事，他先是嗤之以鼻，好似這個問題毫無意義，因為他就是被困在工作中。我們每週會面，我也每隔一段時間就再問一次：「賈丁，你生命中真正想做的是什麼事？你對自己獨特的偉大之處是否懷抱某個遠景？你有什麼天生的才能可以造福世界嗎？」

經過幾次嘗試，他終於語帶哽咽、幽幽的說：「我想寫作。」我問他想寫什麼，他尷尬似的笑笑說：「哲學。」

這真是個意外的答案。賈丁十分精明睿智，但我不曾見過哪個曼哈頓的績優對沖基金公司員工在私底下幻想著成為哲學作家。我問他是否寫過任何東西，他說：「很久沒有了。」我繼續追問，他說過去五年已不再嘗試寫作。這時我在心裡哀嘆，賈丁做著他認為

「正確和負責任」的事，卻讓他五年以來都不能做自己喜歡的事。

我想試著鼓勵賈丁，請他從電腦檔案找一些滿意的作品，在下次諮商的時候帶來。他隔週就給我一篇八年前寫的二十頁文章，我翻閱的同時可以感受到他的緊張和恐懼，這是他十年來首次與人分享作品。

賈丁的文章非常精采動人，條理清晰、結構完整、論述有序，而且十分有幽默感。我發自內心說：「你是非常有才華的作家！」他的臉亮了起來，我不曾見過他如此開心與投入的神情，便鼓勵他在金融界的正職之餘，尋求哲學出版的邀稿機會。他又嗤之以鼻，只是這次比較小聲，可見他正在思考此事。

幾個月後，賈丁與一位恰巧在獨立出版社工作的朋友分享他的文章，接著就受邀加入一本現代哲學選集的出版計畫，負責撰寫其中一章。這是個重大的挑戰，賈丁接下這份工作的同時，壓力指數也暴升。他懷疑自己，懷疑出版計畫，也質疑自己明明有一份高薪工作，卻要撰寫哲學論文，是不是太蠢了。在他表面的懷疑之下，隱藏的是純然的壓力、焦慮和恐懼。

賈丁滿腦子擔憂著他會寫成什麼模樣，出版商、朋友、讀者會怎麼看他。他成日擔憂寫不好，也擔心無法在副業和專業工作之間取得平衡。他最擔心的是同事若讀到他的文章，發現他心有旁騖，會影響到他在對沖基金公司的權力和地位。讀者大概能猜到我的做法自然是鼓勵賈丁直面恐懼、堅持下去、寫好文章，在不確定性和艱難挑戰之下竭盡全力去完成使命。

賈丁一邊寫作，恐懼和壓力一邊同時上升。他確實面對著真實的風險，這是個新的人生領域，而且對他個人而言意義十分重大，他也完全有可能失敗。儘管如此，我還是鼓勵他繼續努力，他也日復一日如英雄般的寫作。

約兩個月後，賈丁完成初稿，按時交給編輯，編輯讀後非常興奮的表示這是全書最好的一章。賈丁表現出色，多年來首次真心快樂與自豪。此外，他對健康、財務、家庭、政治和氣候變遷的焦慮和擔憂也大幅下降。我問他有什麼想法，他說：「我寫作的時候，感受到超越過往的恐懼和壓力，但其他的事情卻不再讓我焦慮！」我起初以為他只是被寫作占據所有心思而無暇擔憂，但經過一番討論，我們都有更深的認識——賈丁的寫作焦慮正是他的療癒方式。他不曾消極的允許焦慮控制他的生活，而是利用焦慮，透過承受痛苦來締造個人價值，從而達到自我成長。他在過程中克服了恐懼，將焦慮轉化為正面的力量，他的種種憂慮也因此被消除了。

在自我實現的過程中承受焦慮，所獲得的自我成長也最多。任何足以令人自豪的成就，任何可以帶來成就感與幸福感的事，都必然伴隨相當程度的苦惱與壓力。**我們擬定計畫要讓自己能對世界有所貢獻、發掘內在蘊藏的力量與潛能、將夢想轉變為現實，這個過程本就充滿了艱困挑戰**。然而，這正是化焦慮為力量的機會。追尋真實夢想的人必然苦惱，焦慮若不曾出現，就表示當時追尋的目標或許沒有那麼重要。相反的，你在追求最深刻、最重要的生命目標時，若同時也甘心承受焦慮、壓力，甚至恐懼，你就是走在自我實現的正途之上，此處的焦慮必將幫助你成長。

現在我們來深入探討究竟是哪些因素阻礙你化焦慮為成長力量並成為英雄。就筆者的執業經驗來看，除了本章先前所述之外，此類障礙因素有兩種。第一，人都害怕失敗。第二，人需要維持均衡狀態。若要克服障礙就不能逃避焦慮，而是要擁抱焦慮，如此亦能實現靈性境界的成長。

害怕失敗

人自然會害怕失敗，沒有人願意在出發之後才發現必須半途折返，終至未竟全功。當你跨出舒適圈、進入風險圈，心理系統是為了保護你，便提升焦慮程度。這種負面感受是人體天生的機制，提醒你風險正在增加。就如先前討論過的，沒有風險就沒有成長！因此，在你成為英雄的道路上，內心必然充斥著各種懷疑的聲音，尤其在你剛起步嘗試實現遠景的初期，這些雜音特別多。

對失敗的恐懼有許多種，多數都是外在的疑慮。我們開始追求目標之後，原先不曾預期或想像的障礙就會一一出現，此時必然令人產生壓力與恐懼。我們會說：「什麼？沒想到竟然這麼費力！」或是告訴自己：「我得克服這些意料之外的挑戰。」外在憂慮固然令人害怕，但最可怕的還是我們在內心懷疑自己的能力，質疑自己：「我給自己找了什麼麻煩?!」並對當初的決心產生疑慮。當壓力與恐懼高漲，我們就可能認為：「這超出了我的能力範圍！」腦中不斷迴響自我懷疑的雜音，以為自己的能力其實不足以支撐自己朝目標奮進。

在多數狀況下，只要繼續沿著原本的路途向目標前進，雜音與障礙都會逐漸消逝，你終能達成最初設定的目標。不過，有時候外在或內在壓力著實太大，事情無法依原先的期望或計畫去完成，這時就必須迎頭面對失敗的恐懼。有一個靈性層次的觀點可以幫助我們度過低潮，就是去理解「失敗並非只有負面意義」。首先，失敗可以令人謙卑，幫助我們了解自己不過是凡人，人的知識與能力原本就有限。

更重要的是，失敗是成為英雄的必要經歷之一。有時候，英勇的人踏上了旅程，卻發現現實因素橫阻於面前。現實世界就是如此，你認真付出努力，卻不免要面對失敗，但這並非壞事，只是表示你跨越到自己的能力範圍之外，撞到了牆。這是學習機會，磨練你變得更堅強、更有韌性面對下一個挑戰。

此外，失敗有時是經過偽裝的幸運。你施展極限力量、勇敢嘗試實現夢想，在自我實現的道路上，挫折與挑戰都是幫助你成長、重新調整方向的機會。在失敗發生的時候擁抱它，同時也擁抱當下伴隨出現的焦慮，正可催化自我成長。

還記得第八章的卡爾嗎？多年的合作夥伴掏空公司資金並轉往海外帳戶，這個事業上的挫折打亂了他的人生，後來他終於從打擊與幻滅當中回復情緒穩定，也意識到自己不過六十出頭，還有時間改變生命方向。他決定以更多的時間改善他與子女、孫子女的感情，也利用這次不幸的經驗教訓做為創業基礎，成立一間顧問公司，協助業界人士處理有問題的合作夥伴。他提供的主要服務之一，就是教導企業家該從哪些跡象判斷合作夥伴或員工可能有問題。卡爾當然需要勇敢付出努力，其中最困難的就是承認自己過去的失敗與天真。然而，這反而成為卡爾吸引客戶的原因，客戶知道他有合夥失敗的親身經歷，他提供的諮詢是基於實際案例，所以對他很有信心。卡爾過去的失敗變成寶貴經驗，讓他在新的人生路途上取得成功。

同樣有益的另一個靈性層次的觀點是，無論成果如何，「勇敢的付出努力」本身就具有價值。你向內深掘，將自己獨特的潛能向外發揮，面對壓力、恐懼、障礙依然持續努力，無論最終是否達到目標或實現夢想，這都是自我實現的過程。這確實牴觸了西方文化無視其他、只看成就與成功的狹隘眼界，但請自問上述哪一種觀點更適合人類心理狀態？哪一種觀點更能培養人的韌性，長期而言更能自我成長？無論結果如何、只重視追求遠景的過程，是否更好？還是應該繼續重視物質世界的成功，即便它無關乎自我實現或英雄力量？

維持均衡

另一個英雄路上的障礙因素是——**人顯然不是機器，需要維持均衡狀態**。有時候，勇往直前不達目標絕不放棄，反而比較容易，更難的是先打好穩固的基礎，培養情緒、行為、社交方面的健康狀態，然後才站在這個基礎之上去施展英雄力量。若是不顧一切向前，卻傷害或毀壞了我們跟自己與他人的關係，不僅適得其反，甚至可能有危險。許多極度努力的人經常就是踩在他人的背上，待人嚴苛、不寬容、沒耐心、自戀，他們也常陷入自虐狀態，不好好照顧自己，剝奪自己的充足睡眠、均衡飲食、休閒時間，以及社交生活。在成為英雄的路上，我們必須同時尊重自己，也尊重生命中的人。所以，本章提供的所有策略都必須與其他章節的資訊與法則結合併用。

卡珊卓二十歲出頭的時候覺得每個人都比她更漂亮、更瘦、更聰明、更有人緣。這種認知造成她與男性交往的自我毀滅模式，她渴望被愛，卻不懂得慎選伴侶，可想而知的遺憾結果就是男人和她上床隔天就不聯絡，甚至永遠消聲匿跡。她覺得彷彿被用過即丟，自我感覺愈來愈糟。某次特別嚴重的憂鬱和焦慮發作之後，她終於前來尋求治療，之後也非常努力改善自我意識、自我照顧和自我疼惜，她還學會了接受對外貌和社交狀態的焦慮感，不再陷入過往的不良模式。她與男性和女性朋友都建立了更親近、融合的關係。憂鬱和焦慮的親身經歷讓她能夠理解並幫助他人，也能認同並表達自己對感情的需求。經過幾個月的努力，她開始思考人生目標，並鼓勵自己實現當演員的夢想。就在這個時候，她的情況又反轉並惡化。

卡珊卓感受到強烈的壓力與恐懼，這是她努力自我實現的過程當中必然的現象，但她努力過頭、開始瓦解了，她不再照顧自己，過度消耗自己，晚睡、早起、不按時吃飯，也因為忙著跟演藝界人士往來，忽略了自己的朋友，即便跟朋友見面也心不在焉，一心想著自己的演藝計畫。種種因素導致卡珊卓再度墮入另一個黑暗期，她開始自我批判、用負面心態與他人比較（尤其是外貌），並且焦慮不已。所幸在男女關係上，她並未重蹈覆轍，但焦慮的問題最終仍導致卡珊卓無法繼續在演藝界成為她自己的英雄，而必須暫停追尋夢想。

很不幸，類似卡珊卓的案例十分常見，我有無數患者都是為了追求遠大目標與夢想而犧牲了自己，最後還必須倒退與重建。某些較嚴重的患者甚至在實現潛能的過程中罹患躁症，常連續數日陷入極端情緒。有一位患者對自己的音樂事業過度執著，最後甚至會對陌生人咆哮，或是在怒氣中危險駕駛。

自我砥礪、追求偉大遠景的過程猶如兩面刃，若能以自愛與和諧情感為後盾，在均衡的生活中發揮潛能，就能使人成長壯大，若只是拚命實踐計畫，想成為英雄，卻斷絕了與身邊一切的連結，便無疑是通往自我毀滅的快速道路。為了追求夢想而完全忽視我們與自己和他人的關係，可能十分危險。在卡珊卓的案例中，她經過一段時間的驚濤駭浪，所幸終於選擇接受事實。就個人能力限制來說，她就是撞牆了。於是她決定放慢腳步、暫停演藝事業，並重新取得內心平衡，也重建人際關係。

在我們施展發揮英雄力量、追尋夢想的途中，有一個靈性層次的觀點可以幫助我們維持均衡。第七、八章討論到人類天生的知識、掌控力、影響力都有限，我們擬定的計畫可能受制於不計其數的變因。然而第九章卻又宣揚著人人都該懷抱遠景，並施展全力將夢想變成現實。這豈非彼此矛盾？令人不禁要問：如果需要天時、地利、人和，才可能有所成就，我又何必費力奮鬥去造福世界？

我們可以這樣思考：從靈性層次來看，「施展英雄力量」給人的最大益處，就是讓人更清楚了解自己能掌控的畢竟有限。在奮力追尋夢想的時候，我們深知自己的努力很可能隨時面臨失敗風險，終至徒勞無功，於是壓力與恐懼便油然而生。矛盾的是，我們愈是努力奔向夢想，就愈可能看到自己的局限所在，一路上愈來愈看清不可能完全沒有風險或失敗。從這個角度看來，施展英雄力量並不只是達成目標必須採取的實際行為，更是充滿靈性啟發的過程。我們在世間依自由意志進行選擇，同時也接受最終結果非人力可控。從這個視角看待自己的努力，就會愈努力、愈堅韌，信念也愈強。這在追尋夢想的路上十分重要，有助於維繫內心平衡與和諧。我們能打從內心知曉自己的限制，同時也了解追尋夢想的過程本身就具有靈性層次的意義，才能懂得必要時允許自己休息一下、疼惜自己，並給自己足夠的時間與他人建立情感連結。

卡珊卓暫停演藝事業三個月後，覺得已經穩定下來，也做好準備再度出發。這次她刻意擬定一個善待自己的日常生活規律，包含健康飲食、規律運動、夜晚限制使用３Ｃ的時間，以及充足優質的睡眠。如果工作壓力增加，她便同時也增加對自己的照顧，讓自己維持均衡。她恢復與朋友的互動，並確保不超過四十八小時不與親友深刻互動。她施展英雄力量的速度因此比較緩慢，她優先安排自我照顧與人際互動，有時也顯得麻煩，演藝工作畢竟十分忙碌，但她知道，想要利用焦慮獲得自我成長，必須立基於穩固的基礎。更重要的是，卡珊卓也重新調整自己的意圖，她知道施展英雄力量的目標並非改變世界，過程本身其實就是目標，她最終要改變的只有她自己。

法則9：超越自己的極限

焦慮可以幫助我們辨明、發揮、實現自己的特殊潛能，如此在焦慮之下自我成長，將能實現生命的最終目標。這項法則可以引導你運用焦慮來超越自己的限制並達到自我成長。

第一，我們必須知道，在通往自我實現的路途中，焦慮的出現既是必然也是必須。當你想像自己能以什麼方式造福世界，並開始落實具體的計畫，將自己的夢想轉變成現實，此時必然會面對風險，因此也必將感受到某種程度的焦慮。

請試著做以下思考：

- 當你想著自己的夢想，或許是一份新工作、新的職業生涯、新的感情關係，甚至是延誤已久的一趟旅行，是否因此感到焦慮？
- 請問自己：我是否因為焦慮就開始遲疑，甚至暫緩追求夢想？
- 如果是，請你直面恐懼！思考該如何超越自己的限制！

第二，焦慮的所在經常就是個人強項所在。請發揮些許創意並深入思考，試著回答以下問題：

- 目前在你的生命中，最令你感到焦慮與擔憂的領域是什麼？例如情感關係、財務狀況、健康，或是氣候變遷？
- 然後請思考你在這些領域的獨特潛能。例如，你若是對情感關係感到擔憂，你可能有處理家庭關係或友誼關係的特殊天分？你若為錢擔憂，你是否有財務管理的才能？如果健康是你的憂慮，你能否在這方面對他人有所幫助？

最後，**超越限制**、**實現潛能**！你必須施展英雄力量，挺過壓力、恐懼、磨練，方可將夢想化為現實。

請問自己：

- 既然我正在追尋遠大夢想，焦慮感是否只是過程中自然會出現的壓力或恐懼反應？
- 我感到焦慮，只是因為我投注了大量心力？
- 我害怕失敗，只是因為我承擔了真實的風險？
- 如果是，我的不安是否具有正面意義？代表我正在堅持挺過生命挑戰，正在焦慮之下獲得自我成長？

謝辭

寫一本關於焦慮的書，過程中可能有相當程度的情緒起伏，這聽來有些諷刺，但值得慶幸的是，這一路走來承蒙眾多人士協助，我才得以在起伏的情緒中成長壯大。

彼得・奧基奧格羅索（Peter Occhiogrosso）是我的寫作左右手，我用電郵寄給他一堆結構鬆散的大綱，又每週通電對他叨叨絮絮、長篇大論，都被他的巧手轉化為每一章的初稿，供我繼續寫作。因為他的堅持，還有更重要的耐心和幽默感，本書的出版作業才得以順利進行，還能允許我在寫作過程同時兼顧大量臨床、行政和研究工作。彼得的專業知識反映在本書的每一頁，沒有他就沒有這本書。

感謝哈潑地平線出版社（Harper Horizon）的編輯梅根・波特（Meaghan Porter）和亞曼達・包許（Amanda Bauch）熱情且不遺餘力的為我推動各階段出版計畫，同時巧妙又微妙的將我的學術腔軟化為更易懂易讀（也就是更好）的文字。也感謝出版社的安卓拉・

佛列克尼斯貝（Andrea Fleck-Nisbet）與麥特・鮑爾（Matt Baugher）給我這個機會。

我的經紀人萊斯利・梅雷迪思（Leslie Meredith）最初與我聯繫是因為《紐約時報》報導疫情大流行初期的焦慮現象，文中引用了我的話，從那時起，萊斯利一直給予我大力支持，也是萊斯利一直都認為必須出書論述焦慮的正面效益。

我在焦慮中心有一個優秀的團隊，每週都協助數百名患者**在焦慮中自我成長**。他們為了自己的使命和價值而犧牲奉獻，在他們面前，我感到謙卑。特別是我的行政主管，包含大衛・布雷德（David Braid）、馬西亞・基莫鐸夫（Marcia Kimeldorf）博士，以及艾司笛・費李斯（Estee Ferris）讓診所的發展超乎我原本的預期，同時也確保診所提供優質臨床照顧。我也同樣感謝診所的臨床主管，包含克里斯蒂・克拉克（Christy Clark）、史塔西・貝爾科維茨（Staci Berkowitz）、麗莎・齊默思（Lisa Chimes）、史蒂芬・謝勒（Stephen Scherer），以及諾亞・賀齊（Noah Hercky）和達諾斯・鈕琵李亞斯（Thanos Nioplias）帶領臨床醫師每日為患者提供協助。

我有一位非常可靠、細心、有求必應的助手摩西・阿佩爾（Moses Appel），合作六年以來一直給予我值得信賴的支持。他辛勤的為本書整理一百五十多篇參考文獻，更幫助我處理繁重的行政事務。另外我也要感謝艾莉克絲・坎波斯（Alex Campos）協助整理我個人的臨床病例，還有妮可・德拉戈（Nicole Drago）讓我了解如何運用社群媒體做有效推廣。

我能在麥克林醫院和哈佛醫學院接受前輩的指導，實是無上榮幸，他們都是現代精神醫學界最傑出的人物。我主要的學術導師布倫特・福雷斯特（Brent Forester）醫師非常注重細節，個性沉著且溫暖，也非常幽默風趣，傑出的領導能力與人格都令人望塵莫及。同樣令人難望其項背的還有斯考特・勞赫（Scott Rauch）、凱莉・萊斯勒（Kerry Ressler）、多斯特・安古爾（Dost Öngür）、菲爾・萊文達斯基（Phil Levendusky）、特羅斯特・比約格文森（Thröstur Björgvinsson）和笛亞戈・皮薩加利（Diego Pizzagalli）幾位醫師。我感謝他們每一位都毫不保留支持我拓展靈性層次與心理健康的工作，並與我合作進行多項研究計畫。

我在麥克林醫院靈性與心理健康專案的同事包含安吉莉卡・佐爾弗蘭克（Angelika Zollfrank）、艾莉莎・奧爾森（Alissa Oleson）牧師、卡洛琳・考夫曼（Caroline Kaufman）醫師和我的研究助理米婭・德魯瑞（Mia Drury）、肖恩・明斯（Sean Minns）、普爾維・曼達亞姆（Poorvi Mandayam）、阿拉娜・約翰斯頓（Alana Johnston），以及埃莉諾・舒騰伯格（Eleanor Schuttenberg），他們都是不可多得的好同事！我也要感謝阿德里亞娜・博賓喬克（Adriana Bobinchok）和媒體事務部多年來的支持和指導。

學術工作必須有資金的支持，若你的研究領域是關於靈性領域，大約就只能依賴慈善基金。我非常感謝洛里・埃特林格（Lori Etringer）、蘇・德馬科（Sue Demarco）、傑夫・史密斯（Jeff Smith）、詹妮弗・邁耶斯（Jennifer Meyers）以及麥克林醫院開發部的其他人員，感謝他們耗費心力為我的工作籌集資金。許多善心捐助者，包含芭芭拉・尼爾森牧師博士（Barbara Nielsen）、安・奧基夫（Ann O'Keefe）、科爾文伉儷（Joe and Dawn Colwin）、福勒伉儷（David and Susan Fowler）以及其他無數人，不僅慷慨提供財務支持，也貢獻了寶貴意見和人生智慧，對我的研究和臨床工作的思維和方法有不可抹滅的影響。

從學術寫作轉往大眾寫作，是一項艱難的挑戰，之所以能實現，必須歸功於戴夫・努斯鮑姆（Dave Nussbaum）、約瑟夫・弗里德曼（Joseph Fridman）、傑米・瑞爾森（Jamie Ryerson）和「象牙塔之外」（Beyond the Ivory Tower）全體團隊的支持。在此致上深深的感謝之意，同時也感謝約翰・鄧普頓基金會（John Templeton Foundation）對「象牙塔之外」的支持。

沒有言語可以表達我的精神導師勞倫斯・凱勒曼（Lawrence Kelemen）耶路撒冷拉比是如何深刻影響了本書與我所有的作品。我只能說，他對我的影響已經超越了我生命中的靈性、心理，以及現實的領域。

感謝我的好妻子蜜莉（Miri），是你成就了我的一切！是你啟發了這本書，以及我在工作上和個人領域所取得的所有成就。也許更重要的是，你平息了我的焦慮，並教會我如何在焦慮中成長壯大。

注釋

前言

1. Adam Grant, "There's a Name for the Blah You're Feeling: It's Called Languishing," *New York Times*, April 19, 2021, https://www.nytimes.com/2021/04/19/well/mind/covid-mental-health-languishing.html.

序章

1. US Department of Health and Human Services, "Any Anxiety Disorder," National Institute of Mental Health, accessed September 30, 2022, https://www.nimh.nih.gov/health/statistics/any-anxiety-disorder.
2. Bridget F. Grant et al., "Prevalence, Correlates, Co-Morbidity, and Comparative Disability of DSM-IV Generalized Anxiety Disorder in the USA: Results from the National Epidemiologic Survey on Alcohol and Related Conditions," *Psychological Medicine* 35, no. 12 (2005): 1747-59, https://pubmed.ncbi.nlm.nih.gov/16202187/.
3. Jill M. Hooley, Kathryn R. Fox, and Chelsea Boccagno, "Nonsuicidal Self-Injury: Diagnostic Challenges and Current Perspectives," *Neuropsychiatric Disease and Treatment* 16 (January

2020): 101-12, https://doi.org/10.2147/NDT.S198806.

4. "Suicide," National Institute of Mental Health, last updated June 2022, https://www.nimh.nih.gov/health/statistics/suicide.
5. "COVID-19 Pandemic Triggers 25% Increase in Prevalence of Anxiety and Depression," World Health Organization, March 2, 2022, https://www.who.int/news/item/02-03-2022-covid-19-pandemic-triggers-25-increase-in-prevalence-of-anxiety-and-depression-worldwide.
6. W. H. Auden, *The Age of Anxiety*, ed. Alan Jacobs (Princeton: Princeton University Press, 2011).
7. Tom Porter, "Anxiety, Stress and Depression at All-Time High Among Americans: Study," *Newsweek*, April 18, 2017, https://www.newsweek.com/recession-mental-health-depression-anxiety-585695.
8. Jean M. Twenge, "Studies Show Normal Children Today Report More Anxiety than Child Psychiatric Patients in the 1950s," American Psychological Association, 2000, https://www.apa.org/news/press/releases/2000/12/anxiety.
9. Karen L. Fingerman et al., "Helicopter Parents and Landing Pad Kids: Intense Parental Support of Grown Children," *Journal of Marriage and Family* 74, no. 4 (August 2012): 880-96, https://doi.org/10.1111/j.1741-3737.2012.00987.x.
10. Valencia Higuera, "All About Lawnmower Parenting," Healthline, October 30, 2019, https://www.healthline.com/health/parenting/lawnmower-parents.
11. "Number of Lifetime Prevalent Cases of Anxiety Disorders among

Adults in Select Countries Worldwide in 2018, by Gender (in Millions)," Statista (chart), April 2019, https://www.statista.com/statistics/1115900/adults-with-anxiety-disorders-in-countries-worldwide-by-gender/.

12. A. J. Baxter et al., "Global Prevalence of Anxiety Disorders: a Systematic Review and Meta-Regression," *Psychological Medicine* 43, no. 5 (May 2013): 897-910, https://doi.org/10.1017/S003329171200147X.

13. Ayelet Meron Ruscio et al., "Cross-Sectional Comparison of the Epidemiology of DSM-5 Generalized Anxiety Disorder Across the Globe," *JAMA Psychiatry* 74, no. 5 (2017): 465-75, https://doi.org/10.1001/jamapsychiatry.2017.0056.

14. Rachael Rettner, "Anxiety Linked to High IQ ," Live Science, May 30, 2013, https://www.livescience.com/36259-anxiety-linked-high-iq.html.

15. Amanda Macmillan, "Why People with Anxiety May Have Better Memories," *Time*, February 27, 2018, https://time.com/5176445/anxiety-improves-memory/.

16. A. Kalueff and D. J. Nutt, "Role of GABA in Anxiety and Memory," *Depression and Anxiety* 4, no. 3: 100-10, https://doi.org/10.1002/(SICI)1520-6394(1996)4:3<100::AID-DA2>3.0.CO;2-K.

17. "Mark Twain - Famous Bipolar Author," Famous Bipolar People, accessed January 24, 2023, https://www.famousbipolarpeople.com/writers/mark-twain/

18. *Larry King Live*, "Panel Discusses Depression," CNN, June 12, 2005, https://transcripts.cnn.com/show/lkl/date/2005-06-12/

segment/01.

19. Goalcast, "Jim Carrey - Be Yourself," Facebook video, May 30, 2017, https://www.facebook.com/goalcast/videos/1414580435285809/.
20. Kayla Blanton, "Howie Mandel Says Struggling with OCD and Anxiety Is Like 'Living in a Nightmare,'" *Prevention*, June 9, 2021, https://www.prevention.com/health/mental-health/a36673654/howie-mandel-ocd-anxiety/.
21. Locke Hughes, "Selena Gomez Opens up about How Therapy Changed Her Life," WebMD, accessed February 27, 2023, https://www.webmd.com/mental-health/features/selena-gomez-opens-up-about-therapy.
22. Jake Smith, "Adele Reveals She Experienced the 'Most Terrifying Anxiety Attacks' Amid Her Divorce," *Prevention*, November 15, 2021, https://www.prevention.com/health/mental-health/a38254699/adele-reveals-anxiety-attacks-due-to-divorce/.
23. Carly Mallenbaum, "Lady Gaga Shares Mental Health Struggle, Thoughts of Suicide: 'My Inner Voice Shut Down,'" *USA Today*, November 9, 2018, https://www.usatoday.com/story/life/people/2018/11/09/lady-gaga-mental-health-patron-awards-sag/1940329002/.
24. Jacob Stolworthy, "Bruce Springsteen 'Knows He's Not Completely Well' As He Opens up About His Mental Health," *The Independent*, November 30, 2018, https://www.independent.co.uk/arts-entertainment/music/news/bruce-springsteen-mental-health-depression-broadway- netflix-tour-a8660336.html.

25. David H. Barlow, *Anxiety and Its Disorders: The Nature and Treatment of Anxiety and Panic* (New York: Guilford Press, 1988), 12.
26. Kenneth I. Pargament, *The Psychology of Religion and Coping: Theory, Research, Practice* (New York: Guilford Press, 1997), 39.

第 1 章 認識自我

1. National Center for Health Statistics, "Leading Causes of Death," Centers for Disease Control and Prevention, last reviewed January 18, 2023, https://www.cdc.gov/nchs/fastats/leading-causes-of-death.htm.
2. Katsuyuki Miura et al., "Pulse Pressure Compared with Other Blood Pressure Indexes in the Prediction of 25-Year Cardiovascular and All-Cause Mortality Rates: The Chicago Heart Association Detection Project in Industry Study," *Hypertension* 38, no. 2 (August 2001): 232-37, https://doi.org/10.1161/01.HYP.38.2.232.
3. Robert A. Smith, Vilma Cokkinides, and Harmon J. Eyre, "American Cancer Society Guidelines for the Early Detection of Cancer, 2003," *CA: a Cancer Journal for Clinicians* 53, no. 1 (2003): 27-43, https://doi.org/10.3322/canjclin.53.1.27.
4. Tawseef Dar et al., "Psychosocial Stress and Cardiovascular Disease," *Current Treatment Options in Cardiovascular Medicine* 21, no. 5 (2019), https://doi.org/10.1007/s11936-019-0724-5.
5. Masanori Munakata, "Clinical Significance of Stress-Related Increase in Blood Pressure: Current Evidence in Office and Out-of-

Office Settings," *Hypertension Research* 41, no. 8 (2018): 553-69, https://doi.org/10.1038/s41440-018-0053-1.

6. John D. Hayes, Albena T. Dinkova-Kostova, and Kenneth D. Tew, "Oxidative Stress in Cancer," *Cancer Cell* 38, no. 2 (2020): 167-97, https://doi.org/10.1016/j.ccell.2020.06.001.
7. Huan Song et al., "Association of Stress-Related Disorders with Subsequent Autoimmune Disease," *JAMA* 319, no. 23 (2018): 2388-400, https://doi.org/10.1001/jama.2018.7028.
8. Leonid N. Maslov et al., "Is Oxidative Stress of Adipocytes a Cause or a Consequence of the Metabolic Syndrome?", *Journal of Clinical and Translational Endocrinology* 15 (2019): 1-5, https://doi.org/10.1016/j.jcte.2018.11.001.
9. Myrick C. Shinall et al., "Association of Preoperative Patient Frailty and Operative Stress with Postoperative Mortality," *JAMA Surgery* 155, no. 1 (2020): e194620, https://doi.org/10.1001/jamasurg.2019.4620.
10. Oleguer Plana Ripoll et al., "Nature and Prevalence of Combinations of Mental Disorders and Their Association with Excess Mortality in a Population Based Cohort Study," *World Psychiatry* 19, no. 3 (2020): 339-49, https://doi.org/10.1002/wps.20802.
11. William C. Dement and Christopher C. Vaughan, *The Promise of Sleep: A Pioneer in Sleep Medicine Explores the Vital Connection between Health, Happiness, and a Good Night's Sleep* (New York: Dell, 2000).
12. Sarah L. Chellappa and Daniel Aeschbach, "Sleep and

Anxiety: From Mechanisms to Interventions," *Sleep Medicine Reviews* 61 (February 2022): 101583, https://doi.org/10.1016/j.smrv.2021.101583.

13. Heather Cleland Woods and Holly Scott, "#Sleepyteens: Social Media Use in Adolescence Is Associated with Poor Sleep Quality, Anxiety, Depression and Low Self-Esteem," *Journal of Adolescence* 51 (2016): 41-49, https://doi.org/10.1016/j.adolescence.2016.05.008.
14. National Center for Chronic Disease Prevention and Health Promotion, "How Much Sleep Do I Need?" Centers for Disease Control and Prevention, last reviewed September 14, 2022, https://www.cdc.gov/sleep/about_sleep/how_much_sleep.html.
15. "American Heart Association Recommendations for Physical Activity in Adults and Kids," American Heart Association, last reviewed April 18, 2018, https://www.heart.org/en/healthy-living/fitness/fitness-basics/aha-recs-for-physical-activity-in-adults.
16. Ivan D. Escobar-Roldan, Michael A. Babyak, and James A. Blumenthal, "Exercise Prescription Practices to Improve Mental Health," *Journal of Psychiatric Practice* 27, no. 4 (2021): 273-82, https://doi.org/10.1097/PRA.0000000000000554.
17. Sammi R. Chekroud et al., "Association Between Physical Exercise and Mental Health in 1-2 Million Individuals in the USA Between 2011 and 2015: a Cross-sectional Study," *The Lancet Psychiatry* 5, no. 9 (2018): 739-46, https://doi.org/10.1016/S2215-0366(18)30227-X.
18. "Americans Check Their Phones 96 Times a Day," Asurion,

November 21, 2019, https://www.asurion.com/press-releases/americans-check-their-phones-96-times-a-day/.

19. Tzach Yoked, "Arianna Huffington Tells Haaretz: Everyone Should Put Down Their Phones and Keep Shabbat," March 14, 2018, https://www.haaretz.com/us-news/.premium.MAGAZINE-arianna-huffington-everyone-should-keep-shabbat-1.5908269.
20. Larry Rosen et al., "Sleeping with Technology: Cognitive, Affective, and Technology Usage Predictors of Sleep Problems Among College Students," *Sleep Health* 2, no. 1 (2016): 49-56, https://doi.org/10.1016/j.sleh.2015.11.003.
21. 2022 年 9 月與彼得・奧基奧格羅索之私人通訊。
22. Michelle Baran, "Why U.S. Workers Need to Step up Their Vacation Game," AFAR, October 18, 2018, https://www.afar.com/magazine/why-us-workers-need-to-step-up-their-vacation-game.
23. Shawn Achor and Michelle Gielan, "The Data-Driven Case for Vacation," *Harvard Business Review*, July 13, 2016, https://hbr.org/2016/07/the-data-driven-case-for-vacation.
24. Laura Giurge and Kaitlin Woolley, "Don't Work on Vacation. Seriously," *Harvard Business Review*, July 22, 2020, https://hbr.org/2020/07/dont-work-on-vacation-seriously.
25. 同本章注釋 23。
26. "The Danger of 'Silent' Heart Attacks," Harvard Health, November 3, 2020, https://www.health.harvard.edu/heart-health/the-danger-of-silent-heart-attacks.
27. Richard P. Console Jr., "The Most Common Causes of Collision," *The National Law Review*, October 13, 2020, https://www.

natlawreview.com/article/most-common-causes-collision.

28. David Haugh, "Today's NHL Makes 'Mr. Goalie' Sick," *Chicago Tribune*, May 21, 2009, https://www.chicagotribune.com/news/ct-xpm-2009-05-21-0905200907-story.html.

第 2 章　接受自我

1. Aaron T. Beck et al., *Cognitive Therapy of Depression* (New York: Guilford Press, 1987).
2. Sonya VanPatten and Yousef Al-Abed, "The Challenges of Modulating the 'Rest and Digest' System: Acetylcholine Receptors As Drug Targets," *Drug Discovery Today* 22, no. 1 (January 2017): 97-104, https://doi.org/10.1016/j.drudis.2016.09.011.
3. J. H. Burn, "The Relation of Adrenaline to Acetylcholine in the Nervous System," *Physiological Reviews* 25, no. 3 (1945): 377-94, https://doi.org/10.1152/physrev.1945.25.3.377; D. Górny et al., "The Effect of Adrenaline on Acetylcholine Synthesis, Choline Acetylase and Cholinesterase Activity," *Acta Physiologica Polonica* 26, no. 1 (1975): 45-54.
4. Peter Payne, Peter Levine, and Mardi Crane-Godreau, "Corrigendum: Somatic Experiencing: Using Interoception and Proprioception as Core Elements of Trauma Therapy," *Frontiers In Psychology* 6 (2015), 93, 10.3389/fpsyg.2015.00093, https://creativecommons.org/licenses/by/4.0/.
5. Laura Campbell-Sills et al., "Effects of Suppression and Acceptance on Emotional Responses of Individuals with Anxiety and Mood

Disorders," *Behaviour Research and Therapy* 44, no. 9 (September 2006): 1251-63, https://doi.org/10.1016/j.brat.2005.10.001.

6. Steven C. Hayes, Kirk D. Strosahl, and Kelly G. Wilson, *Acceptance and Commitment Therapy: The Process and Practice of Mindful Change*, 2nd ed. (New York: Guilford Publications, 2012).
7. Kristin D. Neff, and Pittman McGehee, "Self-Compassion and Psychological Resilience Among Adolescents and Young Adults," *Self and Identity* 9, no. 3 (2010): 225-40, https://doi.org/10.1080/15298860902979307; Karen Bluth and Kristin D. Neff, "New Frontiers in Understanding the Benefits of Self-Compassion," Self and Identity 17, no. 6 (2018): 605-608, https://doi.org/10.1080/15298868.2018.1508494.
8. Fuschia M. Sirois, Ryan Kitner, and Jameson K. Hirsch, "Self-Compassion, Affect, and Health-Promoting Behaviors," *Health Psychology* 34, no. 6 (June 2015): 661-9, https://doi.org/10.1037/hea0000158; Wendy J. Phillips and Donald W. Hine, "Self-Compassion, Physical Health, and Health Behaviour: A Meta-Analysis," *Health Psychology Review* 15, no. 1 (March 2021): 113-39, https://doi.org/10.1080/17437199.2019.1705872.
9. Filip Raes et al., "Construction and Factorial Validation of a Short Form of the Self Compassion Scale," *Clinical Psychology & Psychotherapy* 18, no. 3 (May/June 2011): 250-55, https://doi.org/10.1002/cpp.702.

第 3 章　超越自我

1. Martin M. Antony and Richard P. Swinson, *The Shyness and Social Anxiety Workbook (A New Harbinger Self-Help Workbook)* (Oakland: New Harbinger, 2018), 153-54.
2. Rebecca E. Stewart and Dianne L. Chambless, "Cognitive-Behavioral Therapy for Adult Anxiety Disorders in Clinical Practice: A Meta- analysis of Effectiveness Studies," *Journal of Consulting and Clinical Psychology* 77, no. 4 (August 2009): 595-606, https://doi.org/10.1037/a0016032.
3. Lauren Slater, "The Cruelest Cure," *New York Times*, November 2, 2003, https://www.nytimes.com/2003/11/02/magazine/the-cruelest-cure.html.
4. American Psychological Association, "What Is Exposure Therapy?" Clinical Practice Guideline for the Treatment of Posttraumatic Stress Disorder, July 2017, https://www.apa.org/ptsd-guideline/patients-and-families/exposure-therapy.
5. Norman B. Schmidt et al., "Dismantling Cognitive - Behavioral Treatment for Panic Disorder: Questioning the Utility of Breathing Retraining," *Journal of Consulting and Clinical Psychology* 68, no. 3 (2000): 417-24, https://doi.org/10.1037//0022-006x.68.3.417.
6. Alessandro Pompoli et al., "Dismantling Cognitive-Behaviour Therapy for Panic Disorder: A Systematic Review and Component Network Meta-Analysis," *Psychological Medicine* 48, no. 12 (2018): 1945-53, https://doi.org/10.1017/S0033291717003919.
7. Beryl Francis, "Before and After 'Jaws': Changing Representations

of Shark Attacks," *Great Circle: Journal of the Australian Association for Maritime History* 34, no. 2 (2012): 44-64, http://www.jstor.org/stable/23622226.

8. Jess Romeo, "Sharks Before and After *Jaws*," *JStor Daily*, August 14, 2020, https://daily.jstor.org/sharks-before-and-after-jaws/.
9. "Sharks: Half (51%) of Americans are Absolutely Terrified of Them and Many (38%) Scared to Swim in the Ocean Because of Them...," Ipsos, July 7, 2015, https://www.ipsos.com/en-us/sharks-half-51-americans-are-absolutely-terrified-them-and-many-38-scared-swim-ocean-because-them.
10. Edna B. Foa, "Prolonged Exposure Therapy: Past, Present, and Future," *Depression and Anxiety 28*, no. 12 (December 2011): 1043-47, http://doi.org/10.1002/da.20907.
11. Antony and Swinson, *The Shyness and Social Anxiety Workbook*, 160-61.
12. Fritz Strack, Leonard L. Martin, and Sabine Stepper, "Inhibiting and Facilitating Conditions of the Human Smile: a Nonobtrusive Test of the Facial Feedback Hypothesis," *Journal of Personality and Social Psychology* 54, no. 5 (1988): 768-77, https://doi.org/10.1037/0022-3514.54.5.768.
13. David Ropeik, "How Risky Is Flying?" PBS: *NOVA*, October 16, 2006, https://www.pbs.org/wgbh/nova/article/how-risky-is-flying/.
14. T. D. Borkovec, "The Nature, Functions, and Origins of Worry," in Graham C. Davey and Frank Tallis, *Worrying: Perspectives on Theory, Assessment and Treatment* (Oxford, England: Wiley, 1994), 5-33.

15. National Institutes of Health: Office of Extramural Research, "Notice of Special Interest (NOSI): Limited Competition Administrative Supplement to the US Deprescribing Research Network to Support Feasibility Clinical Trials of Complementary and Integrative Approaches for Deprescribing Benzodiazepines," Notice Number: NOT-AT-22-012, February 17, 2022, https://grants.nih.gov/grants/guide/notice-files/NOT-AT-22-012.html.
16. Matej Mikulic, "Number of Alprazolam Prescriptions in the U.S. 2004-2020," Statista, October 17, 2022, https://www.statista.com/statistics/781816/alprazolam-sodium-prescriptions-number-in-the-us/.
17. Robert Whitaker, *Anatomy of an Epidemic: Magic Bullets, Psychiatric Drugs, and the Astonishing Rise of Mental Illness in America* (New York: Crown, 2011). 繁體中文版《精神病大流行：歷史、統計數字，用藥與患者》，羅伯特・惠特克著，左岸文化，2016 年 10 月。參考第 7、14 章。

第 4 章　理解他人

1. Emiliana R. Simon-Thomas, "Do Your Struggles Expand Your Compassion for Others?" *Greater Good*, November 18, 2019, https://greatergood.berkeley.edu/article/item/do_your_struggles_expand_your_compassion_for_others.
2. Daniel Lim and David DeSteno, "Past Adversity Protects Against the Numeracy Bias in Compassion," *Emotion* 20, no. 8 (December 2020): 1344-56, https://doi.org/10.1037/emo0000655.

3. "Biography," biography of Marsha Linehan, University of Washington, accessed January 8, 2025, https://psych.uw.edu/people/2724.
4. Benedict Carey, "Expert on Mental Illness Reveals Her Own Fight," *New York Times*, June 23, 2011, https://www.nytimes.com/2011/06/23/health/23lives.html.
5. Emma C. Winton, David M. Clark, and Robert J. Edelmann, "Social Anxiety, Fear of Negative Evaluation and the Detection of Negative Emotion in Others," *Behaviour Research and Therapy* 33, no. 2 (February 1995): 193-96, https://doi.org/10.1016/0005-7967(94)e0019-f.
6. David A. Fryburg, "Kindness as a Stress Reduction-Health Promotion Intervention: a Review of the Psychobiology of Caring," *American Journal of Lifestyle Medicine* 16, no. 1 (2022): 89-100, https://doi.org/10.1177/1559827620988268.
7. John Bowlby, *Attachment and Loss* (New York: Basic Books, 1969). 繁體中文版《依戀理論三部曲》，約翰・鮑比著，小樹文化，2021 年 7 月。
8. John Bowlby, *Maternal Care and Mental Health*, World Health Organization, Master Work Series, vol. 2 (1951; reprint Northvale, NJ: Jason Aronson, 1995), 355-533.
9. Harry F. Harlow, Robert O. Dodsworth, and Margaret K. Harlow, "Total Social Isolation in Monkeys," *Proceedings of the National Academy of Sciences* 54, no. 1 (1965): 90-97, https://doi.org/10.1073/pnas.54.1.90.
10. Harry F. Harlow, "The Nature of Love," *American Psychologist* 13,

no. 12 (1958): 673-85, https://doi.org/10.1037/h0047884.

11. Phillip Radetzki, "Harlow's Famous Monkey Study: The Historical and Contemporary Significance of the Nature of Love," *Canadian Journal of Family and Youth/Le Journal Canadien de Famille et de la Jeunesse* 10, no. 1 (2018): 205-34, https://doi.org/10.29173/cjfy29349.
12. Mario Mikulincer, Phillip R. Shaver, and Dana Pereg, "Attachment Theory and Affect Regulation: The Dynamics, Development, and Cognitive Consequences of Attachment-Related Strategies," *Motivation and Emotion* 27, no. 2 (2003): 77-102, https://doi.org/10.1023/A:1024515519160.
13. Thomas Insel and Larry J. Young, "The Neurobiology of Attachment," *Nature Reviews Neuroscience* 2, no. 2 (2001): 129-36, https://doi.org/10.1038/35053579.
14. Katherine B. Ehrlich and Jude Cassidy, "Attachment and Physical Health: Introduction to the Special Issue," *Attachment & Human Development* 21, no. 1 (2019): 1-4, https://doi.org/10.1080/14616734.2018.1541512.
15. Silke Schmidt et al., "Attachment and Coping with Chronic Disease," *Journal of Psychosomatic Research* 53, no. 3 (2002): 763-73, https://doi.org/10.1016/s0022-3999(02)00335-5.
16. Anthony Bateman and Peter Fonagy, *Mentalization Based Treatment for Borderline Personality Disorders: A Practical Guide* (Oxford: Oxford University Press, 2016).
17. Anthony Bateman and Peter Fonagy, "Mentalization Based Treatment for Borderline Personality Disorder," *World Psychiatry*

9, no. 1 (February 2010): 11-15, https://doi.org/10.1002/j.2051-5545.2010.tb00255.x.

18. Stephen Covey, "The 90/10 Principle," YouTube (2010), accessed November 24, 2022, https://www.youtube.com/watch?v=cMipyQ5cgyg.
19. Richard Lane and Ryan Smith, "Levels of Emotional Awareness: Theory and Measurement of a Socio-emotional Skill," *Journal of Intelligence* 9, no. 3 (2021): 42, https://doi.org/10.3390/jintelligence9030042.
20. Jeff Thompson, "Is Nonverbal Communication a Numbers Game?" *Psychology Today*, September 30, 2011, https://www.psychologytoday.com/us/blog/beyond-words/201109/is-nonverbal-communication-numbers-game.
21. 四種原發情緒為愉悅、悲傷、憎惡，以及驚訝。
22. 雖然憤怒經常被視為原發情緒，有時亦可成為續發情緒。請見第六章詳述。
23. Lionel Giles, *The Sayings of Confucius: A New Translation of the Greater Part of the Confucian Analects* (New York: E. P. Dutton and Co., 1910), https://www.gutenberg.org/files/46389/46389-h/46389-h.htm.
24. John M. Gottman, *The Science of Trust: Emotional Attunement for Couples* (New York: W. W. Norton & Co., 2011).
25. *Merriam-Webster*, s.v. "attunement (*n.*)," accessed February 28, 2023, https://www.merriam-webster.com/dictionary/attunement.
26. Amy Canevello and Jennifer Crocker, "Creating Good Relationships: Responsiveness, Relationship Quality, and

Interpersonal Goals," *Journal of Personality and Social Psychology* 99, no. 1 (2010): 78-106, https://doi.org/10.1037/a0018186.

27. Linda Rueckert and Nicolette Naybar, "Gender Differences in Empathy: The Role of the Right Hemisphere," *Brain and Cognition* 67, no. 2 (July 2008): 162-67, https://doi.org/10.1016/j.bandc.2008.01.002.

第 5 章 接受他人

1. "John Wayne: I'm a Nixon Man," Richard Nixon Foundation, May 26, 2015, https://www.nixonfoundation.org/2015/05/john-wayne-im-nixon-man/.
2. 《創世紀》第 1 章 27 節。
3. Judith S. Wallerstein, "The Long-term Effects of Divorce on Children: A Review," *Journal of the American Academy of Child & Adolescent Psychiatry* 30, no. 3 (May 1991): 349-60, https://doi.org/10.1097/00004583-199105000-00001.
4. Olga Khazan, "The High Cost of Divorce," *The Atlantic*, June 23, 2021, https://www.theatlantic.com/politics/archive/2021/06/why-divorce-so-expensive/619041/.
5. Richard Fry and Kim Parker, "Rising Share of US Adults Are Living Without a Spouse or Partner," Pew Research Center, October 5, 2021, https://www.pewresearch.org/social-trends/2021/10/05/rising-share-of-u-s-adults-are-living-without-a-spouse-or-partner/.
6. Charles M. Blow, "The Married Will Soon Be the Minority," *New York Times* (opinion), October 20, 2021, https://www.nytimes.

com/2021/10/20/opinion/marriage-decline-america.html.

7. Tami Luhby (CNN), "When It Comes to Marriage, Millennials Are Saying 'I Don' t,' " *WPMT FOX43*, July 21, 2014, https://www.fox43.com/article/news/local/contests/521-52802b24-ac5c-4265-a3ea-855fabb408d5.
8. Lisa Bonos and Emily Guskin, "It's Not Just You: New Data Shows More Than Half of Young People in America Don't Have a Romantic Partner," March 21, 2019, https://www.washingtonpost.com/lifestyle/2019/03/21/its-not-just-you-new-data-shows-more-than-half-young-people-america-dont-have-romantic-partner/.
9. Liz Mineo, "Good Genes Are Nice, but Joy Is Better," *The Harvard Gazette*, April 11, 2017, https://news.harvard.edu/gazette/story/2017/04/over-nearly-80-years-harvard-study-has-been-showing-how-to-live-a-healthy-and-happy-life/.
10. X 世代出生於 1965-1980 年間，目前約 41-56 歲（於美國約 6 千 5 百萬人）；Y 世代又稱千禧世代，出生於 1981-1996 年間，目前約 25-40 歲（於美國約 7 千 2 百萬人）；Z 世代出生於 1997-2012 年間，目前約 9-24 歲（於美國約 6 千 8 百萬人）。"Boomers, Gen X, Gen Y, Gen Z, and Gen A Explained," Kasasa (blog), July 6, 2021, https://www.kasasa.com/exchange/articles/generations/gen-x-gen-y-gen-z.
11. Keith Richards and Mick Jagger, "You Can't Always Get What You Want," 1969, sung by the Rolling Stones on *Let It Bleed* (US: London Records), 1969, LP, track 9.
12. S. Wolbe, *Kaas O' Savlanus, Vaad Rishon*, Alei Shur (Bais Hamussar: Jerusalem, Israel, 1985).

13. Nathan D. Leonhardt et al., "'We Want to Be Married on Our Own Terms': Non-University Emerging Adults' Marital Beliefs and Differences Between Men and Women," *Journal of Family Studies* 28, no. 2 (2022): 629-51, https://doi.org/10.1080/13229400.2020.1747520.
14. *Merriam-Webster*, s.v. "psychopath (*n.*)," accessed September 29, 2022, https://www.merriam-webster.com/dictionary/psychopath.

第 6 章　昇華情感關係

1. Amy Gallo, "Giving Thanks at Work: An HBR Guide," *Harvard Business Review*, November 24, 2021, https://hbr.org/2021/11/giving-thanks-at-work-an-hbr-guide.
2. "Mental Health Statistics 2023," SingleCare, updated Feburary 3, 2023, https://www.singlecare.com/blog/news/mental-health-statistics/; "Mental Illness," National Institute of Mental Health, updated January 2022, https://www.nimh.nih.gov/health/statistics/mental-illness.
3. "Road Rage: What Makes Some People More Prone to Anger Behind the Wheel," American Psychological Association, 2014, https://www.apa.org/topics/anger/road-rage.
4. "Princess Diana's 15 Most Powerful and Inspirational Quotes," *The Telegraph*, June 29, 2018, https://www.telegraph.co.uk/women/life/princess-dianas-15-powerful-inspirational-quotes/.
5. See, for instance, Ogyen Trinley Dorje Karmapa, *Interconnected: Embracing Life in Our Global Society* (Somerville, MA: Wisdom

Publications, 2017).

6. David A. Moscovitch et al., "Anger Experience and Expression Across the Anxiety Disorders," *Depression and Anxiety* 25, no. 2 (February 2008): 107-13, https://doi.org/10.1002/da.20280.
7. Sue Johnson, *Hold Me Tight: Your Guide to the Most Successful Approach to Building Loving Relationships* (London: Piatkus Books, 2011).
8. Candice C. Beasley and Richard Ager, "Emotionally Focused Couples Therapy: A Systematic Review of Its Effectiveness over the Past 19 Years," *Journal of Evidence-Based Social Work* 16, no. 2 (2019): 144-59, https://doi.org/10.1080/23761407.2018.1563013.
9. Ernst Fehr and Urs Fischbacher, "The Nature of Human Altruism," *Nature* 425, no. 6960 (2003): 785-91, https://doi.org/10.1038/nature02043.
10. Dacher Keltner, "The Compassionate Instinct," *Greater Good*, March 1, 2004, https://greatergood.berkeley.edu/article/item/the_compassionate_instinct.

第 7 章　知道自己的極限

1. Kenneth I. Pargament, *The Psychology of Religion and Coping: Theory, Research, Practice* (New York: Guilford Press, 1997).
2. Nicole Haloupek, "12 Common Things Science Still Hasn't Figured Out," Mental Floss, January 7, 2019, https://www.mentalfloss.com/article/567856/common-things-science-hasnt-figured-out.
3. "How Many Stars Are There in the Universe?" European Space

Agency, accessed September 29, 2022, https://www.esa.int/Science_Exploration/Space_Science/Herschel/How_many_stars_are_there_in_the_Universe.

4. "Intolerance of Uncertainty," Anxiety Canada, accessed September 29, 2022, https://www.anxietycanada.com/articles/intolerance-of-uncertainty/.
5. William D. Silkworth, "Alcoholism As a Manifestation of Allergy," *Medical Journal* 145 (March 1937): 249, https://www.chestnut.org/Resources/8b7ff2b0-522c-4496-8f0a-ede79be1ddc5/1937-Silkworth-Alcoholism-as-Allergy.pdf.
6. "Intolerance of Uncertainty," Anxiety Canada.
7. Simon McCarthy-Jones, "The Autonomous Mind: The Right to Freedom of Thought in the Twenty-First Century," *Frontiers in Artificial Intelligence* 2 (2019): 19, https://doi.org/10.3389/frai.2019.00019; Stanley Rachman and Padmal de Silva, "Abnormal and Normal Obsessions," *Behaviour Research and Therapy* 16, no. 4 (1978): 233-48, https://doi.org/10.1016/0005-7967(78)90022-0.
8. Jonathan Grayson, *Freedom from Obsessive-Compulsive Disorder: A Personalized Recovery Program for Living with Uncertainty* (New York: Penguin, 2014).
9. Pema Chödrön, *The Places That Scare You: A Guide to Fearlessness in Difficult Times* (Boston: Shambhala, 2002). 繁體中文版《轉逆境為喜悅》，佩瑪・丘卓著，心靈工坊，2002 年 6 月。參考第 1 章。
10. "Thomas Edison," Wikiquote, accessed September 29, 2022, https://en.wikiquote.org/wiki/Thomas_Edison.

11. Gerald Beals, "The Biography of Thomas Edison," ThomasEdison.com, 1997, http://www.thomasedison.com/biography.html.
12. Laurie Carlson, *Thomas Edison for Kids: His Life and Ideas: 21 Activities* (Chicago: Chicago Review, 2006), 3.
13. Jake Rossen, "How Thomas Edison Jr. Shamed the Family Name," Mental Floss, April 21, 2017, https://www.mentalfloss.com/article/93390/how-thomas-edison-jr-shamed-family-name.
14. "Therefore one should act without interest in the result of the action, without 'desire or hate.' Indifference is the great desideratum [that which is desired or needed]," Franklin Edgerton, trans., *The Bhagavad Gita* (New York: Harper & Row, 1946), 159. 繁體中文版《薄伽梵歌》（中英文對照版），毗耶娑著，啟示，2018 年 9 月。

第 8 章　接受自己的極限

1. Viktor E. Frankl, *Man's Search for Meaning* (1959; reprint New York: Pocket Books, 1984), 87. 繁體中文版《活出意義來：從集中營說到存在主義》，弗蘭克著，光啟文化，2008 年 3 月。
2. Crystal L. Park and Susan Folkman, "Meaning in the Context of Stress and Coping," *Review of General Psychology* 1, no. 2 (1997): 115-44, https://doi.org/10.1037/1089-2680.1.2.115.
3. Jennifer E. Graham et al., "Effects of Written Anger Expression in Chronic Pain Patients: Making Meaning from Pain," *Journal of Behavioral Medicine* 31, no. 3 (2008): 201-12, https://doi.org/10.1007/s10865-008-9149-4.

4. Terri A. deRoon-Cassini et al., "Psychological Well-Being after Spinal Cord Injury: Perception of Loss and Meaning Making," *Rehabilitation Psychology* 54, no. 3 (2009): 306-14, https://doi.org/10.1037/a0016545.
5. Ziyan Yang et al., "Meaning Making Helps Cope with COVID-19: A Longitudinal Study," *Personality and Individual Differences* 174 (May 2021): 110670, https://doi.org/10.1016/j.paid.2021.110670.
6. Frankl, *Man's Search for Meaning*, 86.
7. "Frequency of Prayer," Pew Research Center, accessed November 25, 2022, https://www.pewresearch.org/religion/religious-landscape-study/frequency-of-prayer/.
8. Jeff Diamant, "With High Levels of Prayer, U.S. Is an Outlier among Wealthy Nations," May 1, 2019, https://www.pewresearch.org/fact-tank/2019/05/01/with-high-levels-of-prayer-u-s-is-an-outlier-among-wealthy-nations/.

第 9 章　超越自己的極限

1. Diane F. Halpern, "The Nature and Nurture of Critical Thinking," in *Critical Thinking in Psychology*, eds. Robert J. Sternberg, Henry. L. Roediger III, and Diane F. Halpern (Cambridge University Press: 2007), https://doi.org/10.1017/CBO9780511804632.002.
2. Robert J. Sternberg and The Rainbow Project Collaborators, "The Rainbow Project: Enhancing the SAT Through Assessments of Analytical, Practical, and Creative Skills," *Intelligence* 34, no. 4 (July/August 2006): 321-50, https://doi.org/10.1016/

j.intell.2006.01.002.

3. Abraham Harold Maslow, *Self-Actualization* (Tiburon, CA: Big Sur Recordings, 1987), 64.
4. 2020 年 9 月作者與勞倫斯・凱勒曼之私人書信。
5. Louise Bonnet et al., "The Role of the Amygdala in the Perception of Positive Emotions: An 'Intensity Detector,'" *Frontiers in Behavioral Neuroscience* 9 (2015): article 178, https://doi.org/10.3389/fnbeh.2015.00178.
6. Michela Gallagher and Andrea A. Chiba, "The Amygdala and Emotion," *Current Opinion in Neurobiology* 6, no. 2 (April 1996): 221-27, https://doi.org/10.1016/s0959-4388(96)80076-6.

國家圖書館出版品預行編目（CIP）資料

凝視焦慮：化焦慮為力量的 9 大覺察法則／大衛・羅斯馬林（David H. Rosmarin, PhD）著；謝凱蒂譯 . -- 第一版 . -- 臺北市：遠見天下文化出版股份有限公司，2025.01

368 面；14.8×21 公分 . --（心理勵志；BBP499）

譯自：Thriving with Anxiety: 9 Tools to Make Your Anxiety Work for You

ISBN 978-626-417-106-9（平裝）

1. CST：焦慮　2. CST：情緒管理
3. CST：自我實現

176.527　　113019075

心理勵志 BBP499

凝視焦慮

化焦慮為力量的 9 大覺察法則

Thriving with Anxiety: 9 Tools to Make Your Anxiety Work for You

作者 — 大衛・羅斯馬林 David H. Rosmarin, PhD
譯者 — 謝凱蒂

副社長兼總編輯 — 吳佩穎
人文館主編暨責任編輯 — 楊逸竹
校對 — 邱建智、魏秋綢（特約）
封面設計 — Ancy Pi（特約）
內頁排版 — 張靜怡、楊仕堯（特約）

出版者 — 遠見天下文化出版股份有限公司
創辦人 — 高希均、王力行
遠見・天下文化　事業群榮譽董事長 — 高希均
遠見・天下文化　事業群董事長 — 王力行
天下文化社長 — 王力行
天下文化總經理 — 鄧瑋羚
國際事務開發部兼版權中心總監 — 潘欣
法律顧問 — 理律法律事務所　陳長文律師
著作權顧問 — 魏啟翔律師
地址 — 台北市 104 松江路 93 巷 1 號

讀者服務專線 — (02) 2662-0012 ｜傳真 — (02) 2662-0007；(02) 2662-0009
電子郵件信箱 — cwpc@cwgv.com.tw
直接郵撥帳號 — 1326703-6 號　遠見天下文化出版股份有限公司

製版廠 — 中原造像股份有限公司
印刷廠 — 中原造像股份有限公司
裝訂廠 — 中原造像股份有限公司
登記證 — 局版台業字第 2517 號
總經銷 — 大和書報圖書股份有限公司｜電話 — (02) 8990-2588
出版日期 — 2025 年 1 月 20 日第一版第 1 次印行

定價 — NT 500 元
ISBN — 978-626-417-106-9
EISBN — 978-626-417-103-8（EPUB）; 978-626-417-102-1（PDF）
書號 — BBP499
天下文化官網 — bookzone.cwgv.com.tw